EVENOR ET LEUCIPPE.

BRUXELLES ,

IMPRIMERIE DE A. LABROUE ET COMPAGNIE,
36, rue de la Fourche.

EVENOR

ET

LEUCIPPE

PAR

GEORGE SAND.

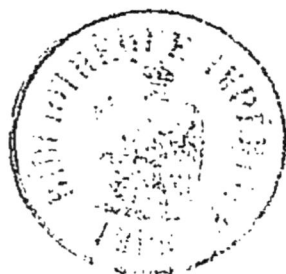

2

Édition autorisée pour la Belgique et l'étranger,
interdite pour la France.

BRUXELLES ET LEIPZIG,
KIESSLING, SCHNÉE ET Cⁱᵉ, ÉDITEURS,
RUE VILLA-HERMOSA, 1.

1856

EVENOR ET LEUCIPPE.

VI

LA MÈRE.

La dive continua :

— Oui, mes enfants, le mal existe. Vous savez
que, dans l'ordre des choses matérielles, le langage qualifie de ce mot terrible les souffrances
physiques de l'être. Mais vous ignorez que l'âme
reçoit des blessures, traverse des fatigues et suc-
combe à des maladies, aussi bien que le corps.
Jusqu'à ce jour, je vous ai laissé ignorer que
l'esprit pouvait être atteint par les accidents extérieurs qui menacent l'organisation. Je ne voulais

pas vous faire perdre les délices de l'ignorance;
mais mon devoir est de vous donner la science
complète et de vous avertir de la lutte où vous
allez entrer fatalement.

« Tant que ce monde fut plongé dans des ténèbres qui l'isolaient pour ainsi dire du reste de
l'univers, Dieu voulut qu'il fût éclairé, esprit et
matière, d'une clarté puisée en lui-même. Aujourd'hui que l'infini s'est dévoilé aux regards du
corps et à ceux de l'âme, les êtres doivent entrer
dans la liberté de l'âme et du corps. La terre est
livrée tout entière à ses nouveaux habitants.
Elle s'est dégagée des dernières influences du
chaos primitif, elle s'ouvre devant les pas humains. Les forêts s'éclaircissent, les plantes
diminuent de vigueur, les animaux tendent à
subir une autre domination que celle des éléments. Tout s'apprête à être possédé et modifié
par l'homme. Tout ici-bas semble devoir être un
instrument de sa vie et rien de plus. Voici donc
l'homme appelé à s'affranchir de Dieu même,
dans l'apparence des choses, et là où commence
la possibilité d'améliorer l'œuvre divine, commence aussi la possibilité de la détériorer. Tout
ce qui sera détérioration de l'œuvre de la Providence sera donc le mal pour l'âme comme pour
le corps, et tout ce qui sera développement sera
le bien pour l'un et pour l'autre.

«Tu m'as dit, ô Evenor, que chez vous autres, on connaissait déjà la différence du mal au bien, et que l'on instruisait les enfants dans le respect et l'amitié les uns des autres, pour les empêcher de se nuire mutuellement, ce qui serait le préjudice de la famille et le mal chez la race humaine. Cette notion est grande et vraie. Dans notre race angélique, elle était ignorée parce qu'elle était inutile. Nous étions sans travail et sans passions. Mais si nous eussions été investis d'une puissance complète ici-bas et d'une possession plus durable des choses de ce monde, nous eussions passé à votre état d'activité, de liberté et de moralité. Il n'en fut point ainsi. Destinés à disparaître, nous fûmes à la fois supérieurs à vous par la douceur naturelle, inférieurs par l'inaction relative. Mais, moi qui devais passer par une destinée particulière, unique peut-être dans cet âge de transition, j'ai dû connaître la liberté, le mal et le bien par conséquent.

«J'arrive, ô mes chers enfants! au récit de mes jours néfastes. Malgré les influences salutaires de leur dernière habitation près des exhalaisons volcaniques, les dives luttaient en vain contre l'alternative des saisons et contre celle des nuits et des jours. Accablés et languissants, ils ne désiraient pas se survivre les uns aux autres; mais la croyance leur enjoignant d'attendre leur fin sans la hâter, ils se préservaient, autant qu'il leur était donné de le faire, des causes de la destruction. Mes frères et mes sœurs essayèrent encore de pâles hyménées qui ne furent point bénis. Ils s'endormirent dans le Seigneur sans aisser de postérité. Mon père et ma mère, se sentant près de les suivre, joignirent la main d'Aria à la mienne. Nous étions leurs derniers enfants.

« — Soyez époux, nous dirent-ils ; voici peut-être le dernier hyménée que les dives consacreront sur la terre. Si telle est la volonté de Dieu, mourez en vous aimant. Si, au contraire, vous êtes destinés à faire revivre une nouvelle famille, c'est que Dieu veut que la terre soit occupée encore par nos descendants, et que la race humaine soit une production éphémère comme tant d'autres qui n'ont peut-être fait que naître et mourir avant nous. Quoi qu'il en soit, vivez en paix avec les hommes, et s'ils viennent à vous, donnez-leur la lumière divine, qu'ils ne paraissent point avoir au même degré que la lumière terrestre.

« Quand mon premier-né vit le jour, nous étions seuls au monde, mon époux et moi. Nous avions enseveli les restes de nos parents dans ce gouffre qui gronde près de nous et où disparaissent les eaux bouillonnantes de la solfatare. Je ne vous dirai rien des formules de notre culte.

Tout culte est fondé sur les origines qui doivent être celles de la race qui le pratique. Chaque race doit donc créer le sien en raison de la révélation qui lui est inspirée. Élevé dans le respect de nos coutumes, Aria n'avait point pleuré nos parents; mais moi, chérie particulièrement de ma mère, je n'avais pu retenir mes larmes. J'avais senti, dès cet instant, que ma nature était modifiée, et que les affections terrestres avaient plus d'empire sur moi que sur mes semblables.

« Cette tendresse des entrailles se réveilla plus vive quand je fus mère pour la première fois, et à la seconde, voyant naître de moi une fille, je m'écriai, en embrassant mon époux :

« — Voici la race des dives renouvelée. Nous avons pu vivre et donner la vie. Un couple béni nous survivra, destiné sans doute à repeupler le monde. Voici donc, non pas les derniers du passé, mais les premiers de l'avenir. Leur vie est plus précieuse qu'aucune autre, et nous devons tout faire pour la préserver.

« — La vie n'est pas seulement ici, me répondait mon pieux compagnon; elle est partout, et plus douce ailleurs pour ceux qui souffrent dans ce monde avec patience. Bénie soit l'arrivée de ces enfants dont nous ne serons jamais séparés, si nous leur enseignons la loi de l'amour divin.

« Aria parlait dignement : mais moi, ivre d'or-

gueil et en même temps accablée par ma faiblesse,
je voulais le détourner du devoir d'initier nos
enfants à cette sublime et terrible croyance qui,
depuis longtemps portée jusqu'à l'enthousiasme
chez les dives, leur inspirait le mépris de la vie
et l'amour de la mort. Vois les enfants des
hommes, lui disais-je; ils redoutent le mal, ils
fuient le danger; ils ne savent rien de l'autre
vie, ils ne connaissent pas Dieu. Et cependant
Dieu les bénit et les protége. Ils vivent, ils sont
joyeux, bruyants, pleins d'énergie. Leur vie
semble une fête dont ils ne prévoient pas la fin.
Si nous initions nos enfants, ils ne voudront pas,
ils ne sauront pas vivre.

« Aria repoussait les suggestions de ma lâcheté,
et moi, je lui reprochais avec amertume de
ne pas aimer ses enfants pour eux-mêmes. Je
l'accusais de fanatisme, et notre amour était
troublé par une secrète préférence de mon cœur
pour ces enfants que le ciel m'avait donnés et que
je ne voulais pas lui rendre. Aria s'en aperçut et
me dit un jour :

« — Je sens s'éteindre en moi le flambeau de
la vie. Ton amour seul me soutenait encore;
mais depuis qu'il s'est refroidi, la volonté de vivre
m'abandonne rapidement. O Téleïa, chasse ce
vain désir de disputer la terre aux enfants des
hommes. Ne vois-tu pas que les nôtres sont déjà

frappés de la langueur qui a dévoré tous ceux de notre race, et que notre seul rêve de bonheur doit être de nous réunir tous bientôt dans un autre asile au sein du clément univers!

« Je ne pouvais accepter cet ardent désir. Je ne sais quelle fibre humaine s'était développée en moi! Je me jetais aux pieds de mon époux, le suppliant de vivre et de laisser vivre nos enfants.

« — Oublie le ciel, lui disais-je. Où puises-tu cette foi robuste? Et si elle était une illusion! Laisse du moins nos enfants l'ignorer. Ne vois-tu pas qu'ils sont trop jeunes pour la comprendre, et que, entre l'attente sereine de cette vie future et la soif insensée de s'en emparer, il y a une sagesse que l'âge mûr peut seul acquérir? Toi-même, ô mon cher Aria, tu n'as plus la patience d'attendre, je le vois bien. Tu me reproches de ne plus t'aimer, et c'est toi, cruel, qui dédaignes ma tendresse et qui parles de plier cette vie comme une tente et d'aller chercher sans moi les rivages de l'inconnu!

« Aria hésitait alors entre mon amour et sa conscience; mais je voyais trop que la foi triomphait de l'amour. Il avouait que la solitude le détruisait. Tant que nous avions eu une famille, il s'était imaginé que nous avions encore une nation et une patrie, et il disait une chose vraie :

« — L'amour de deux êtres seuls au sein de

l'univers n'est plus l'amour. L'amour ne peut pas
être un égoïsme, ce doit être une dilatation, un
éclat rayonnant de l'âme, et tous les saints amours
sont les aliments nécessaires de ce foyer puis-
sant. Enlevez au dive, fils du ciel, la famille, le
culte et le temple, son amour, restreint à la contemplation d'un seul être semblable à lui, dévore
et consume cet être et lui-même.

« — Et nos enfants ! m'écriais-je ; nos enfants,
ne sont-ils rien ? Ne remplacent-ils pas tout ce
que nous avons perdu ? Pour moi, ils sont le pays,
la race, la famille, le monde.

« Aria souriait tristement ; il croyait que nos
enfants n'étaient pas destinés à vivre. Hélas ! il
voyait dans l'avenir. Mais sa prescience m'irri-
tait, et quelquefois, exaspérée, je hâtais sa fin par
de véhéments reproches. Lui, angélique essence,
me pardonnait mon délire et semblait me remer-
cier de la douleur dont je l'avais abreuvé. Il
mourut en me montrant le ciel, et les dernières
paroles de sa voix éteinte furent celles-ci :

« — Crois, afin de me rejoindre !

« Je m'efforçai faiblement de lui obéir. Le mal
était entré dans mon âme, et mon courage épuisé
se refusait désormais à la loi divine. Je ne me
souvenais plus que j'étais une dive, c'est-à-dire
une idée fatiguée envoyée dans un astre répara-
teur pour y attendre des destinées peut-être

moins douces, mais plus hautes. Je ne sentais plus
en moi qu'un esprit inquiet et des entrailles dé-
vorées d'amour pour ces deux êtres dont je ché-
rissais l'apparence terrestre et l'image passagère
plus que l'âme céleste et l'indestructible essence.
Plutôt que de les rendre au ciel jaloux qui me les
réclamait, j'aurais sacrifié leur immortalité et
la mienne. Insensée, je m'attachais à eux d'un
amour bestial et farouche, et, transgressant la
loi de mes pères, je ne leur enseignais rien des
mystères de la vie éternelle. Je m'étais promis
d'abord de ne pas les entretenir du regret des
choses passées, et j'allais au delà de ma propre
résolution en ne leur insufflant aucun espoir des
choses futures. Les dives se sont trop aban-
donnés au destin, me disais-je. Essences trop
pures, ils ne tenaient point assez à leur manifestation dans cette phase du voyage à travers l'infini, et quand la terre s'est dérobée sous leurs
pieds, ils se sont envolés comme des oiseaux qui
savent leur route à travers les orages. Mais ces
orages ne sont-ils pas terribles, et le but est-il
assuré? Qui sait si Dieu se soucie de nous conserver la mémoire, et si, dans une autre forêt du
ciel, mes enfants bien-aimés reconnaîtront les
bras qui les portent et le sein qui les réchauffe
maintenant?

« Ainsi je blasphémais dans ma solitude, nul

conseil ne me soutenant plus, nulle tendresse ne
veillant plus sur moi. Et, jalouse des bêtes sauvages qui élevaient leurs petits sans autre trouble que celui de les conserver, je m'efforçais de
les imiter en n'apprenant à mes enfants qu'une
vaine lutte contre la mort. Quelquefois, me glis-
sant sous les épais buissons qui entourent vos
vergers, je contemplais avidement les soins que
les filles des hommes prodiguaient à leurs enfants.
J'admirais l'industrie des hommes, leurs cabanes
habilement construites, et les mille prévoyances
qu'ils savent apporter dans la conservation de
leurs jours rapides. J'écoutais leurs paroles et
j'en devinais le sens à l'expression de leurs visages
si mobiles et de leurs mouvements si déterminés.
Je voyais chez eux un amour plus ardent et plus
opiniâtre que celui dont j'avais été l'objet dans
ma famille; moins de discours, moins de médita-
tions, un travail assidu, une volonté soutenue,
aucune préoccupation de la vie en Dieu, une sorte
d'identification avec la nature. Et je revenais vers
mes enfants en songeant : Ces hommes, nés du
rocher aride, sont supérieurs aux dives, issus
du chêne luxuriant. Ils adhèrent de toute leur
puissance à cet héritage terrestre, tandis que
nous avons élevé follement nos branches vers le
ciel, qui les a brisées sans pitié. Et j'essayais de
bâtir une cabane pour mes enfants; je leur choi-

sissais les aliments que préféraient les hommes. Aux glands amers et aux baies acides des bois je substituais les figues et le miel que je rapportais de vos prairies. J'exposais ces pauvres créatures, élancées et faibles, aux rayons du soleil, espérant qu'il les adopterait pour ses fils et leur communiquerait les effluves de sa vie. Car, faut-il vous l'avouer, ô mes enfants! j'étais tombée au-dessous de moi-même, et craignant le Dieu implacable des intelligences, je portais mon adoration vers ses œuvres secondaires. J'adorais le feu comme l'âme du monde, et je n'adressais plus d'hommages et de supplications qu'à l'astre du jour et aux flammes des volcans.

« Et malgré tous mes soins, tous mes efforts, tous mes travaux, mes enfants dépérissaient sous mes yeux! Mes tentatives pour les assimiler à la race humaine ne servaient qu'à précipiter leur destinée. Si, trompée par l'aspect que prennent durant la nuit les flots de la mer, et me flattant de les baigner dans une onde embrasée, je les portais au rivage, je ne trouvais là que de froides ondes et le vent qui sèche la sueur sur le front. Si, me fiant à la vertu des choses que l'homme utilise, j'essayais d'étancher la soif de mon fils avec le suc de la vigne, ou celle de ma fille avec le lait des chèvres et des brebis, je voyais cette soif devenir plus ardente, et chaque jour rapprocher celui que l'arrêt irrévocable avait marqué pour l'extinction de ma race infortunée.

« Quand je sentis, au feu de la fièvre qui les rongeait, succéder le froid de la mort prochaine, j'imaginai de réchauffer l'atmosphère ou de l'assouplir par la fumée, en mettant le feu à la forêt qui couronne la première enceinte de ce cratère. J'avais vu mes parents essayer ce dernier moyen, à l'exemple de leurs pères, pour prolonger de quelques jours, non pas leur existence physique dont ils avaient fait le sacrifice, mais la lucidité de leur esprit aux approches de la mort. Moi, j'aurais embrasé la terre entière pour conserver mes enfants quelques jours de plus. La forêt résista à mes efforts. La séve printanière, pleurant de toutes les branches, avait humecté les feuilles sèches étendues au pied des arbres, et les oiseaux, occupés à construire leurs nids, enlevaient ou dispersaient les mousses et les broussailles que j'y avais amoncelées. Enfin, après mille essais et mille fatigues, je vis monter la flamme sur quelques points, et, amenant mes enfants au centre de l'incendie, assez loin pour n'en rien craindre, je les vis, pâles et languissants, sourire à l'aspect des lueurs rougeâtres et au petillement des arbres résineux. Mais le vent qui promettait de propager le feu tomba tout à coup, et une pluie abondante détruisit ma dernière espérance. Alors mon fils, se traînant jusqu'à moi :

« — C'est assez lutter contre les lois de la nature, me dit-il. Mère, parle-nous du ciel qui nous réclame et dont la vision m'apparaît.

« — Le ciel ! m'écriai-je, le ciel nous abandonne et nous repousse ; la terre nous rejette et nous maudit...

« — Non, dit l'enfant sublime en couvrant ma bouche de sa main défaillante ; non, mère ! rappelle-toi que nous sommes des dives ; le ciel nous redemande et la terre nous délivre. Je vais t'attendre où j'ai mérité de te retrouver, car je n'ai jamais perdu la vue de l'infini dont mon père m'entretenait avant de mourir, et dont mon âme était le sanctuaire.

« En parlant ainsi, mon fils bien-aimé s'arracha de mon sein, se prosterna... et ne se releva plus.

« J'étais égarée ; je ne pleurai point, je me pris à maudire le fils ingrat qui m'abandonnait. J'accablai de reproches l'ange qui ne m'entendait plus, et mon cher Aria qui l'avait initié aux mystères du ciel.

« — Va-t'en donc, lui disais-je, toi qui n'aimes point ta mère : que m'importe? Ta sœur me reste. Celle-là n'est point une dive initiée ; elle deviendra semblable aux filles des hommes. Elle n'aura pas l'orgueil de s'élever à Dieu.

Elle vivra pour sa mère, parce qu'elle sait bien
que sa mère ne peut pas rester seule dans l'univers. Dis, ô ma fille, ô mon seul bien, mon unique amour, tu vivras de mon souffle, tu ne
pleureras pas ton frère, tu ne songeras point
à Dieu... Tu n'aimeras et ne connaîtras que
moi...

« L'enfant ne me comprenait pas; elle me rendait faiblement mes baisers et souriait d'une façon étrange. J'appelai cent fois mon fils; je ne
pouvais pas me persuader qu'il fût mort; je voulais qu'il se relevât pour me suivre dans la
grotte. Je le soulevai avec une sorte de colère, et,
comme j'étais embarrassée de ma fille, qui, depuis
quelques jours, n'avait plus la force de marcher,
je le lâchai un instant pour la poser près de
moi. En ce moment, je le vis retomber inerte et
lourd sur la terre retentissante. Oh! je vivrais
mille ans, que j'entendrais toujours le bruit de
ce corps sur les graviers! Alors je poussai des
cris horribles et j'emportai ma fille dans une
course impétueuse. Je fuyais je ne sais quels fan-
tômes qui me semblaient la poursuivre et vouloir me l'arracher. Enfin, je la déposai dans la
caverne, et, songeant que ma démence avait dû
l'effrayer, je me mis à genoux auprès d'elle
comme pour lui demander grâce. Mais elle, d'une
voix douce et tranquille : .

« — Voici mon frère qui vient me chercher, dit-elle.

« Je me retournai pleine d'une joie délirante, n'ayant plus conscience d'aucune chose réelle et croyant qu'en effet mon fils avait pu s'arracher des bras de la mort. Mais, hélas! c'était une vision de sa sœur, une de ces visions qu'à l'heure de leur mort bénie les dives ont toujours reçues du ciel.

« — Adieu, mère, me dit l'enfant; mon frère m'appelle dans la belle forêt du ciel, toute remplie de mousse et de lierre...

« — Ne va pas dans cette forêt, m'écriai-je; reste, reste avec moi...

« Ma fille ne m'entendait plus : elle était morte aussi, j'étais seule sur la terre !

« Je ne sais rien des jours qui suivirent. Je donnai la sépulture à mes enfants sans savoir ce que je faisais. Ensuite... je ne me souviens que vaguement de mon mal. Je me calmai, car je crus que j'allais mourir aussi, et dans cette attente, je sentis renaître mon âme. Je me rappelai mon égarement et mes blasphèmes. Je me repentis, et, m'anéantissant devant Dieu, je lui offris, en expiation, le déchirement de mes entrailles et l'horreur de ma solitude.

« J'attendais, résignée, le moment qui devait me réunir à mes enfants, et je combattais mon impatience, sentant que chaque jour qui retardait notre réunion était un châtiment de ma révolte. Mais je n'avais pas mérité de mourir si vite, et je sentis avec effroi mes forces renaître et mon organisation se plier, jusqu'à un certain point, aux conditions de la vie du rocher. Mon épouvante fut horrible. Serais-je donc punie et maudite à ce point, me disais-je, que l'immortalité sur la terre m'eût été imposée? Eh quoi! je survivrais à jamais à ma race, et je ne reverrais plus ni mes enfants, ni mon époux, ni aucun des êtres que j'ai aimés!

« Je retombai dans le désespoir, et j'eus la pensée de mettre fin à ma propre vie. Mais, après bien des jours et bien des nuits d'une lutte effroyable, je me soumis de nouveau, et je lavai ma faute dans mes larmes. »

VII

LE DEVOIR.

La dive oppressée garda le silence. Leucippe pleurait, dominée par une incommensurable pitié. Evenor était profondément ému aussi. Ni l'un ni l'autre n'osait troubler le recueillement de Téléïà.

Elle fit un effort pour reprendre le cours de ses idées ; mais comme elle leur annonçait que c'était d'eux-mêmes qu'elle allait leur parler :

— Attends, lui dit Evenor ; j'ai cru que tu avais encore quelque chose à nous dire de toi. Si c'est à nous que tu songes dans ta douleur, laisse-nous te dire que nous la respectons et la plaignons, et que ce désespoir, ces souffrances, ces amours, ces faiblesses du cœur, en un mot ce mal dont tu t'accuses devant nous, te rend pour nous mille fois plus chère et plus sacrée.

— Oh! oui! s'écria Leucippe embrassant les genoux de la dive : voilà ce que, moi aussi, je veux te dire, mère adorée, seule mère que je connaisse et que je veuille connaître! Loin d'être indignée des pleurs que tu as versés, je t'aime et te comprends mieux que je n'ai jamais fait.

— O mes enfants, répondit Téleïa en les pressant tous deux contre son cœur, est-ce vous qui me parlez ainsi! vous qui, sous la forme de dives, m'avez quittée pour retourner à Dieu, et qui êtes revenus me consoler sous la forme humaine? Ah! racontez-moi, maintenant que vous savez qui vous êtes, ce qui s'est passé en vous durant les jours de notre séparation! dans quelles contrées de délices vous avez voyagé; quelles maternelles amours ont veillé sur vous, et quelles célestes joies vous avez goûtées jusqu'au moment où vous avez obtenu de Dieu la permission de revenir dans ce triste monde, absoudre et consoler votre mère!

— Nous ignorons ce que tu nous demandes, répondit Evenor. Ce que tu nous as enseigné de la bonté, de la toute-puissance et de la sagesse infinie de la Divinité, nous fait accepter comme possibles les douces espérances qui te soutiennent. Mais, que nous soyons des dives déchus ou des êtres nouveaux dans le monde des esprits, nous ne pouvons lire avec certitude dans les secrets de la providence des esprits. Nous connaissons mieux celle qui protège les substances; car, tu l'as dit, nous sommes une famille liée au monde terrestre, et nos affections y sont vives en raison du peu de durée de notre existence. C'est pourquoi nous comprenons mieux tes pleurs que la sérénité de tes pères, et ton cœur brisé que le cœur invulnérable de ton époux. Tu nous sembles plus grande, toi qui as souffert, que tous ces dives étrangers à la souffrance ; et s'il nous faut souffrir un jour, le souvenir de tes luttes cruelles nous sera un meilleur enseignement que celui de l'impassible courage de ta race. L'esprit de l'homme est peut-être à jamais ouvert au doute en face de l'inconnu, mais sans doute son cœur sera éternellement accessible à la tendresse, et c'est par là, du moins, que je sens ma pensée capable de s'élever avec la tienne de la créature au créateur, de l'amour terrestre à l'amour divin.

— Pour moi, dit Leucippe, je sens aussi quelquefois, non pas le doute, mais comme un oubli du ciel et une indifférence de l'avenir qui me font comprendre combien j'appartiens à la terre, c'est-à-dire à mon frère, à toi et à cette belle nature qui est comme l'asile de notre bonheur. Je ne sais pas si nous avons été des dives avant d'être des hommes. Je n'oserais pas dire non, car, depuis que tu nous entretiens de ton passage sur la terre, je me rappelle combien de fois j'ai rêvé des choses mystérieuses dont tes paroles me semblent une sorte d'explication. Oui, j'ai rêvé souvent que je quittais le rocher et que, me soutenant dans l'espace, je volais, non pas à la manière des oiseaux, mais plutôt à la manière des nuages, dans un air plus subtil, vers des rivages encore plus beaux que celui-ci. Mais ces doux songes devenaient peu à peu inquiets et pénibles, car je me souvenais toujours de vous deux, et je vous cherchais avec angoisse, vous apercevant, vous perdant, vous retrouvant pour vous perdre encore, et enfin, au moment où, par un élan de toute mon âme et de tout mon vol, j'abordais la plage du ciel d'où vous m'appeliez, je me réveillais sur la terre, plus heureuse encore de vous y retrouver près de moi et de ne vous avoir pas réellement quittés. Et toi, Evenor, dis, n'as-tu jamais rêvé ainsi?

— Dans mes premiers ans, répondit Evenor, on me parlait de ceux qui ont eu la terre avant nous. Voilà tout ce qui, dans l'absence d'une parole sublime comme celle de notre mère Téléïa,

ébranlait mon esprit et l'agitait dans le sommeil.
Je me souviens que je me représentais ces premiers maîtres de notre séjour, tantôt comme des
monstres, tantôt comme des anges. J'appelais
monstres des êtres énormes, superbes, menaçants,
que je m'efforçais de fuir, et que je n'osais pas
bien regarder. J'appelais anges des êtres plus
subtils, plus doux, dont l'éblouissante beauté
était comme inappréciable à mes sens ; car je
m'efforçais en vain de les atteindre et de les contempler à travers les vapeurs d'or et de feu qui
me les dérobaient à chaque instant. Voilà toutes
les images dont je peux rendre compte. Je sais
qu'à mon réveil, j'étais bien certain de n'avoir
jamais rencontré ces êtres sur la terre ; mais,
dans le rêve, il me semblait les avoir connus, ou
du moins pressentis de tout temps.

— Pour nous autres dives, reprit Téleïa, les
songes étaient des apparitions certaines ; nous
les regardions comme des voyages de l'esprit dé-
gagé de la matière vers les mondes de l'avenir
et du passé. Nous pensions que l'âme pouvait
emporter avec elle, dans ces régions d'où le corps
est exclu, l'exercice des organes de la substance,
par le moyen d'une sorte de mirage que l'on
pourrait appeler le souvenir. Voilà pourquoi ces
voyages intellectuels étaient courts, et les visions
qu'ils présentaient interrompues à chaque instant

par la nécessité où était l'esprit de venir re-
tremper sa lucidité aux organes du corps. De
là ces lacunes dans le rêve, ces réveils violents
causés par une lutte intérieure, ou ces anéantissements paisibles d'où le rêve repartait plus
clair et plus beau.

« Mais dois-je vous enseigner ces choses comme
articles de croyance? Votre nature s'y prête-t-elle,
et cette faculté accordée à des créatures oppri-
mées, comme nous l'étions, par une lourde atmosphère et de molles quiétudes physiques, ne
serait-elle pas inutile à des êtres dégagés comme
vous l'êtes du poids des orages et susceptibles
d'un grand esprit d'investigation? Sans doute,
Dieu mesure la révélation de ses bienfaits aux
besoins et aux forces de l'esprit des races, et il
établit de magnifiques compensations dans la
secourable jouissance des aptitudes diverses.

« Je dois donc, sans doute, mesurer mon enseignement à la puissance qui vous est donnée de
l'accepter, et, sans vous décrire l'idéal de nos
espérances, vous initier seulement à la notion
générale de l'immortalité, sans laquelle l'homme
serait l'esclave du néant. Evenor, tu as connu la
mort parmi les hommes. Ils reconnaissent son
empire, puisque déjà plusieurs d'entre eux l'ont
subie sans savoir qu'elle n'était qu'une apparence
et une transformation. Quand tu es entré ici, tu

étais donc un être mortel, et à présent, tu as vaincu la mort, si tu acceptes la révélation que je te donne.

— Celle-là, nous l'acceptons tout entière, répondit le jeune homme, et, pour nous l'avoir donnée, tu es devenue notre mère véritable. C'est par là que tu peux dire en nous voyant : J'ai retrouvé les enfants de mon amour, et ceux que j'avais perdus sont remplacés.

— Oui, oui ! dit vivement Leucippe, et si nous sommes les mêmes esprits que ton amour redemande au ciel, pardonne-nous d'avoir la mémoire faible et de ne pouvoir te l'affirmer. Et si nous sommes d'autres esprits, aime-nous autant que tu aimais les enfants de ton hyménée, car, tu le vois bien, nous t'aimons mieux qu'ils n'ont su le faire ! Nous chérissons ce monde à cause de toi, et tant que tu y vivras, nous n'en désirerons pas d'autre. En te disant cela, nous ne nous croyons pas coupables, et nous ne craignons pas de déchoir. C'est Dieu qui a dû mettre dans nos seins ce respect de la vie, à cause du grand amour qu'il nous commande d'avoir pour nos compagnons dans la vie.

En parlant ainsi, Leucippe caressait de ses lèvres les mains débiles de la dive ; mais ses regards plongeaient à son insu dans les yeux ardents du fils des hommes. Téléïa vit la passion qui embrasaît ces deux âmes. Elle la voyait, depuis longtemps, dans le redoublement de tendresse qu'ils lui exprimaient, et qui semblait être comme le trop plein de leurs cœurs déversé sur elle.

— Enfants, leur dit-elle, vous avez en vous une sagesse que je ne puis méconnaître, et, en même temps que je vous enseignais, je recevais de vous la lumière d'une révélation nouvelle. Je ne l'ai pas repoussée, et c'est sans doute pour cela que, seule parmi les dives, j'ai pu vivre jusqu'à ce jour. J'avais une mission à remplir et Dieu m'en a donné la force ; mais elle touche peut-être à sa fin, c'est pourquoi je dois me hâter de vous dire tout ce que vous devez savoir de vous-mêmes.

— Parle, dit Evenor ; apprends-nous comment Leucippe est venue dans cette solitude. Je savais de toi-même qu'elle n'était pas née de toi. En la voyant seule au monde avec nous deux, je me suis imaginé souvent qu'elle était née du plus suave parfum des fleurs et du plus pur rayon du soleil.

Téleïa répondit :

— Je croirais plutôt, si j'acceptais ton symbole, que Leucippe est née de l'écume des flots et de la brise marine. Mais, quel que soit le mystère de la naissance des premiers hommes, Leucippe eut des parents, et son arrivée ici m'a révélé, dans la race humaine, une puissance sur les éléments dont les dives n'ont jamais eu l'idée. Le récit que je vais vous faire vous délie de ma domination maternelle, ô mes bien-aimés, car il vous ouvre la porte du monde des hommes, que, jusqu'à ce jour, ma sollicitude maternelle a dû vous tenir fermée.

« Un matin que, plaintive et brisée, mais résignée à l'épouvantable idée de l'immortalité sur la terre, j'errais le long de ce rivage, j'entendis, au milieu du clapotement des vagues et des cris des mouettes, le vagissement d'un petit enfant. Ce ne pouvait pas être la voix d'un enfant de ma race, les dives n'avaient ni larmes ni plaintes dans leurs berceaux. C'était le timbre de la voix humaine que j'avais écouté souvent avec une inquiète avidité, lorsque j'errais, la nuit, autour de vos demeures fermées.

« L'aurore commençait à rougir le ciel, et les vagues, encore émues après une nuit d'orage, se teignaient de pourpre. Les mouettes tournoyaient avec obstination sur une petite anse dont les roches me cachaient le fond. J'avais observé le naturel curieux de ces oiseaux de la mer. Ils se rassemblent en troupes et poussent des cris d'une douceur triste et pénétrante, quand un objet inusité flottant sur les eaux éveille leur attention craintive. Je me décidai à pénétrer dans la petite

baie en marchant dans l'eau, et, au milieu d'un
essaim de ces blancs oiseaux que mon approche
éloignait à peine, je trouvai, sur les varechs du
rivage, un objet étrange et d'abord inexplicable.
C'était comme un grand lit, capable de contenir
plusieurs hommes, formé de troncs d'arbres creu-
sés et assujettis ensemble avec des branches si
solidement entrelacées, que l'eau n'y pouvait
pénétrer à moins d'y tomber en lames soulevées
par le vent. C'est ce qui était arrivé ; car, bien
que ce lit flottant ne fût point brisé et qu'il con-
tinuât à surnager sur les dernières ondes, il était
à moitié rempli d'eau, et une femme était là,
livide, insensible, morte, servant de lit à un
enfant à peine âgé de quelques mois, qui gémis-
sait froid et mouillé, étendu sur son cadavre. Et
pourtant, dans cette horrible détresse, cet enfant
sourit en me voyant. Il étendit vers moi ses
petites mains roses, et jamais regard plus cares-
sant et plus pur ne trouva le chemin de mon
cœur. A quelques pas, sur la grève, gisait le
corps d'un homme, brisé par les rochers.

« Sans prendre le temps d'examiner ces malheu-
reuses créatures privées de vie et l'étrange ouvrage auquel elles avaient confié leur existence
sur les abîmes de la mer, j'emportai l'enfant et
lui fis boire le lait de la première chèvre que je
rencontrai. Puis je le réchauffai dans la grotte,

et, le confiant à la garde de mes chiens apprivoisés, je revins au rivage pour voir si d'autres hommes ne viendraient pas s'enquérir de leurs infortunés compagnons ; mais je n'en revis jamais un seul, et, de ces montagnes bleuâtres que vous apercevez à l'horizon et qui doivent être des terres semblables à celles-ci, aucun ne tenta sans doute plus vers nos rivages la périlleuse traversée à laquelle je devais Leucippe. La mer me déroba les restes de ses parents. Ils étaient déjà entraînés au loin par un vent contraire quand je revins les chercher, et la machine flottante s'éloignait aussi. Elle revint pourtant s'échouer de nouveau ici près, le lendemain, et j'y pus poser les pieds et comprendre comment, par un temps calme, de simples mortels avaient osé faire ainsi un long trajet sur les eaux. J'y trouvai des débris de vases qui avaient pu servir à transporter de l'eau douce, vases grossiers qui semblaient être faits de terre durcie au feu, et des outils formés d'une pierre tranchante enchâssée dans du bois, comme les haches et les couteaux de métal dont se servaient les dives. Ce sont les rudes instruments de travail que je conserve dans ma grotte comme le seul indice qui puisse faire retrouver à Leucippe la trace de son peuple, si jamais son peuple envoie à sa recherche ou si elle-même... ô Dieu ! aidez-moi à sup-

porter cette pensée! se confie à la perfide mer
qui l'a apportée ici.

— Jamais! s'écria Leucippe épouvantée en
regardant la mer, qui était devenue houleuse et
mugissante. Je me souviens du temps où, sur
toute cette côte, les flots venaient mourir doucement. Mais, depuis qu'ils ont envahi nos rochers,
et que la vague furieuse s'y engouffre... oh!
jamais, jure-le-moi, Evenor, jamais tu n'es-
sayeras de franchir sur des arbres flottants l'espace qui conduit à d'autres rivages!

Chaque premier mouvement de Leucippe trahis-
sait son unique sollicitude. Elle qui n'avait jamais connu la crainte pour elle-même et qui avait
ri du premier effroi d'Evenor à la vue des vagues,
elle tremblait maintenant à l'idée qu'il pouvait
être tenté de construire une barque pour aller
revoir sa famille.

Mais Evenor avait si résolûment renoncé à tout
ce qui n'était pas Leucippe, il avait si bien
étouffé en lui le souvenir de sa famille, qu'il
sourit des terreurs de sa bien-aimée et dit, s'a-
dressant à la dive :

— Pourquoi Leucippe ferait-elle cette chose
insensée de vouloir marcher sur la mer? Et
comment peux-tu craindre que tes enfants aillent
chercher un autre amour que le tien?

Leucippe, rassurée et reconnaissante, jeta ses

bras autour du cou de son frère; mais au moment de baiser ses cheveux avec la sauvage
énergie d'une joie enfantine, elle s'arrêta trem-
blante, et, confuse d'elle-même, donna des lèvres
à sa mère le baiser que, dans son cœur, elle
donnait à Evenor.

— Hélas! hélas! dit Téleïa en lui rendant ses
caresses, il faut que j'afflige ces cœurs si sain-
tement unis. Écoutez-moi, enfants, et si mes paroles sont vraies, il faudra bien qu'elles per-
suadent vos esprits.

« Je vois et je sais l'ardeur de vos affections,
ô enfants des hommes! et je me suis assez assi-
milée à vous, moi qui suis une dive transformée,
pour comprendre qu'au lieu de combattre en vous
cette ardeur comme une faiblesse, je dois la développer comme une puissance. Oui, tout me le
prouve, et tout en vous le proclame, l'amour
terrestre est la vie en vous-mêmes, et ce sentiment que les dives angéliques refoulaient dans
leur sein pour l'offrir entier à Dieu, il est chez
vous la source même de l'amour divin. L'homme
est ainsi fait, je le vois, que, pour s'élever à
l'idée de l'infini, il lui faut d'abord passer par les
flammes saintes de l'amour conjugal, foyer brûlant de toutes les affections terrestres.

« C'est donc pour raviver votre amour et non
pour l'éteindre, que je vais vous effrayer peut-

être, ô mes enfants bénis ! en vous montrant l'hyménée comme la pratique de la perfection ici-bas.
Ah ! s'il est le bien suprême, combien ne faut-il
pas être pur pour l'atteindre !

« Examinons donc ensemble la nature et le but
de ce sentiment sublime. Je l'ai porté et nourri
sans défaillance dans mon sein, jusqu'au jour où
ma tendresse exaltée pour mes enfants se sentit
froissée par le calme stoïque de leur père. Je vis
alors que nous étions dissemblables, lui et moi,
et que la religion du devoir ne s'était pas identi-
fiée chez les dives à la religion de l'amour tel
qu'il doit être dans ces âges nouveaux. C'est par
cette terrible découverte et par ces luttes amères
de ma propre expérience que je suis devenue capable de vous comprendre et de vous instruire.

« Tout devoir, mes enfants, porte en lui-même
sa récompense, et plus cette récompense est délicieuse, plus le devoir qu'elle implique est austère.
Leucippe, l'amour est comme cette fleur de ciste
que froissent tes doigts distraits tandis que tu
m'écoutes. Cette charmante rose du désert est la
plus délicate qui existe. Portée sur une tige solide, environnée de feuillages résistants, la plante
se plaît aux ardeurs du soleil sur la roche brû-
lante. Sous les feux du jour, le bouton s'ouvre
frais et riant, mais fragile. Un souffle d'air le
dérange, le vol d'une mouche l'effeuille, le plus

léger contact le macule ; et c'est en vain que tu
as souvent essayé de placer ces fleurs dans ta
chevelure. A peine cueillies, elles perdent leur
couleur et leur forme. Telle est la foi dans
l'amour. Un souffle l'altère, un doute la souille
et la flétrit. Le cœur de la femme est un autel
d'une exquise pureté, où ne doivent brûler que
des parfums choisis. Tu vivras parmi les hommes,
ô douce fleur du désert, et tu allumeras chez
eux, je le prévois, des flammes dont ils n'ont pas
encore senti les atteintes et qu'ils ne soupçon-
nent même pas. Ils vivent encore dans l'innocence tranquille, parce que leurs douces compagnes, n'ayant été initiées à aucun idéal, ne sont
pour eux que des femelles amies, de même
qu'ils ne sont pour elles que des frères chargés
de les rendre mères. Ils n'observent les lois de
l'ordre dans la famille que parce que ces lois sont
les plus faciles et les plus naturelles. A mesure
que ces êtres purs, mais incomplets, se dévelop-
peront dans la connaissance des choses de l'esprit,
ils éprouveront le trouble des préférences, des
jalousies et des passions ; et peut-être alors tom-
beront-ils dans le désordre et dans le mal, si la
force de leur désir n'est pas dirigée vers le vrai
bonheur. Peut-être, hélas ! confondront-ils la
possession des sens avec celle de l'âme et rédui-
ront-ils la femme en esclavage, croyant ainsi la

posséder véritablement. Sache donc leur faire
comprendre d'avance que l'hyménée qui n'engage
pas l'âme n'est pas l'hyménée, et si ta parole
inspirée les transporte dans de nouveaux rêves
de délices, garde-toi de te glorifier dans le culte
idolâtrique qu'ils voudraient te rendre. C'est
Dieu, c'est l'amour que tu dois enseigner ; mais
tu n'auras plus de véritable inspiration si l'orgueil t'aveugle et si tu te complais dans l'adoration de toi-même. Alors, loin d'être une divinité
bienfaisante, tu deviendrais un sujet de scandale
et de perdition parmi les fils des hommes, et ce
don de la beauté divinisée par l'intelligence serait
une malédiction pour ta race et pour toi-même.

« Prépare donc ton esprit à être invulnérable
à la louange des hommes. La femme idéale que
tu dois être n'aime que la louange de celui qu'elle
aime. Elle renvoie à Dieu toutes les autres et ne
sent épanouir sa fierté que sous le regard de son
bien-aimé.

« Oui, Evenor, les hommes tes frères voudront te disputer l'amour de Leucippe. Elle sera
la première *Ève*, c'est-à-dire la première *science*
qui méritera dans leurs souvenirs le nom de
femme. Elle te sera fidèle, elle se préservera sans
trouble et sans colère de tout ce qui ne sera pas
ton amour. Mais il lui faut ton aide, car l'amour
est une vertu à deux, et quand une des deux âmes

le méconnaît et le brise, l'autre n'est plus que la moitié d'un ange.

« Toi aussi, mon fils, tu seras le premier homme que l'on nommera vie et force, car tu as reçu l'initiation, et ta beauté, comme celle de Leucippe, a pris un éclat supérieur qui n'avait point encore brillé sur la face humaine. Toi aussi, tu seras parmi les femmes de ta race un fils du ciel, un messager de l'inconnu; mais si tes désirs s'émeuvent dans une vaine curiosité, dans les tentations de l'orgueil et de la convoitise sensuelle, tu manqueras ta mission, et, indigne de la foi de Leucippe, là où tu n'auras semé que le trouble, tu ne recueilleras que le doute.

« Prêtre révélateur de l'amour divin, traverse donc les agitations que tu vas susciter sans rien laisser perdre de la candeur de ton être. L'épouse que je te donne est la seule digne de toi; c'est le seul esprit qui puisse converser avec le tien, la seule forme vivante ici-bas dont la beauté, éclairée d'en haut, ait une puissance réelle et une valeur particulière. Si tu la méconnaissais, ta propre beauté, ta propre valeur seraient aussitôt amoindries et souillées. »

— O dive mélancolique ! ô âme méfiante ! que me dis-tu? s'écria Evenor. Comment peux-tu croire que Leucippe ne soit pas à jamais mon unique souci, mon unique joie, mon unique gloire ?

— Mon fils, reprit la dive, Leucippe ne sera pas toujours aussi splendidement belle que la voici devant tes yeux ravis, parce qu'elle ne sera pas toujours jeune. Quand elle aura été mère plusieurs fois, sa beauté sera plus parfaite dans son âme, mais elle sera comme voilée sur ses traits. Et peut-être alors, te reportant par la pensée au moment où nous sommes, tu diras en toi-même : « Qu'a-t-elle donc fait des roses qui fleurissaient sur son visage? Que sont devenues sa taille de palmier et sa chevelure ondoyante, et pourquoi le sombre azur de ses yeux a-t-il perdu l'éclat des nuits constellées? » Plus robuste que la femme, assujetti à de moindres épreuves, et destiné sans doute par la prévision divine à la protéger dans les labeurs de la maternité, tu dois rester plus longtemps jeune et agile. Garde-toi donc de te croire un être mieux doué qu'elle et de vouloir dominer sa faiblesse par l'autorité du fait. Leucippe est ton égale, et ce qu'elle a en moins par la débilité de son être, elle l'a en plus par la science des entrailles maternelles, plus parfaites chez la femme, en vue des besoins de l'enfant dont elle est la providence sacrée. Si les âmes de vos enfants vous appartiennent au même titre, leurs corps sont plus immédiatement confiés aux sublimes instincts de la mère. Respecte donc en elle la gardienne et la nourrice passionnée de ces êtres qui seront le plus pur tribut de ton sang et le plus précieux trésor de ton esprit. Le jour où tu dirais : « Cette femme et ces enfants m'appartiennent, » sans ajouter : « J'appartiens à ces enfants et à cette femme, » le lien céleste serait brisé, et, au lieu d'une famille, tu n'aurais plus que des esclaves, c'est-à-dire des êtres qui obéissent sans aimer et qui pratiquent sans croire.

« Voilà, mes enfants, vos devoirs réciproques. Une pensée constante doit les éclairer et les sanctifier, l'identification de vos deux âmes en une seule. Tout ce qui attribuerait à l'une plus de pouvoir et de liberté qu'à l'autre serait le blasphème et la mort. Dieu n'a pas créé deux races en une. Il n'a pas fait la femme pour l'homme plus que l'homme pour la femme. Il a créé un seul être en deux personnes qui se complètent l'une par l'autre, et dont la pensée divine, union qui saisit l'âme autant que les sens, est le lien indissoluble.

— Je voudrais te croire, dit Evenor ; mais j'ai un effort à faire pour ne pas m'imaginer que Leucippe est plus divine que moi-même, et que mon devoir est de la servir et de l'adorer humblement.

— Pour moi, lui répondit Leucippe, je me persuadais la même chose à ton égard, et je sens tellement que je te préfère à moi-même, qu'il m'en coûtera de me croire ton égale.

— Ceci est l'enthousiasme de l'amour, reprit la dive, et je vois bien que l'âme humaine est excessive dans la joie, comme l'était la mienne dans les angoisses de l'amour maternel. Tous vos sentiments terrestres ont cette fièvre d'expansion que Dieu bénit sans doute et qu'il ne vous a donnée que comme un avant-goût des délices du ciel. Mais il vous a rendus capables aussi d'accepter les lois de la sagesse, car il sait que l'existence de toute créature mortelle doit être agitée et militante sur la terre. Gravez donc ma parole en vos cœurs ; un jour, vous reconnaîtrez qu'elle n'était pas inutile.

— O ma mère chérie ! dit timidement Leucippe, tu nous parles de nos rapports avec le reste des hommes, comme si nous devions retourner parmi eux. Nous ne pouvons le tenter qu'au péril de nos jours, et pourquoi donc penses-tu que nous puissions le désirer quand le bonheur et l'amour sont ici pour nous ?

— Je ne vous ai encore rien dit, reprit Téleïa, de vos devoirs envers vos semblables ; mais vous avez dû pressentir qu'ils sont indissolublement liés à ceux que vous contractez l'un envers l'autre. Je vous ai dit que Dieu n'avait pas créé un homme et une femme constituant deux êtres parfaits, isolés l'un de l'autre, mais un seul être en deux personnes. Quel que soit le berceau du premier homme, qu'il ait été précieusement accaparé par un seul couple, ou magnifiquement rempli de plusieurs couples également précieux, la loi de reproduction et de multiplication imposée à l'espèce humaine règle par avance les rapports des hommes entre eux. C'est par elle que le couple humain n'est rien dans l'isolement, parce que ses vertus y sont nulles, ses exemples inféconds et sa postérité compromise. La vie solitaire est une vie anomale; l'âme incomplète n'y peut donner qu'une vie incomplète : voilà pourquoi je m'imagine que beaucoup d'hommes et de femmes ont été appelés ensemble au bienfait de la vie dans ce monde; car, encore une fois, il n'est pas de bienfait sans obligation, et pas de puissance sans devoir. Vous ne seriez rien de plus que les animaux, s'il vous eût été permis de vous unir seulement en vue de la conservation de l'espèce physique. La vie morale vous ayant été accordée, vous ne pouviez la recevoir que dans les conditions où elle s'entretient, se développe et se transmet.

« Ce serait donc transgresser la loi qui préside à vos destinées, que de vous annihiler dans la possession d'un repos égoïste. Vous en perdriez vite la douceur, et le divin amour s'épuiserait pour vous comme une coupe vidée en deux matins. Pour sentir le prix durable du bonheur,

il faut le mériter, et si le ciel se laisse entrevoir
à l'innocence, il ne se laisse posséder que par la
vertu. Un tel avenir mérite bien qu'on expose sa
vie, et vous risquerez la vôtre pour retrouver vos
frères. Vos lumières leur sont dues, et ne dites
pas que vous pouvez les leur refuser; leur ignorance, qu'elle soit docile ou rétive à vos enseis
gnements, vous est nécessaire. C'est pour vous
le champ de l'activité, le but du devoir, le prix
de l'amour. Demain, au jour levant, vous devez
recevoir la consécration divine du travail. Armés
de ces outils précieux dont les dives ne connu-
rent pas toutes les ressources, vous irez dans la
forêt, et après avoir prié, vous choisirez les arbres les plus sains pour la construction de votre
cabane flottante. Evenor coupera, creusera les
ais solides, Leucippe choisira et préparera les
lianes flexibles. Quant à la construction de cette
machine, le génie humain doit seul en prévoir et
en combiner l'agencement hardi et prudent. La
science des faits ne m'a pas été donnée et j'ai foi
aux instincts qui caractérisent votre pouvoir sur
la terre.

— Nous ferons ce que tu veux que nous fas-
sions, dit Evenor, car tu es notre lumière et nous
n'avons pas le pouvoir de repousser la lumière
après l'avoir comprise. Mais dis-nous donc si
c'est pour un temps ou pour toujours que nous

devons quitter cette terre bénie où il nous semblait devoir trouver le bonheur.

— Assure-toi d'abord la conquête de l'élément qui t'emprisonne, répondit Téleïa. Le voyage doit être court, car je sais que, non loin d'ici, s'étendait une plage qui rendait facile l'accès des établissements humains. Si cette plage a disparu sous les eaux comme celle-ci, ta maison flottante n'en trouvera pas moins des lieux propices pour aborder, car vers l'est, les rives s'abaissent pour laisser sortir un fleuve qui se jette dans la mer. Vous achèverez ensuite votre voyage par terre, et, après un détour, vous gagnerez les prairies d'où votre race n'a pas dû s'éloigner. Maîtres de la distance, vous le serez du temps, et rien n'empêchera que vous reveniez ici consacrer votre hyménée, avant de vous fixer parmi les hommes.

— Tu nous parles de nous, dit Leucippe, et nous ne savons pas encore si tu dois nous suivre. Si ta pensée secrète est de rester ici sans nous, comment veux-tu que je me soumette à ta volonté?

Et comme la dive hésitait à répondre, Leucippe pleura amèrement, disant :

— Que t'ai-je fait, mère cruelle, pour que tu me chasses de ton sein? Est-ce donc là le bonheur que tu voulais me donner? Et comment veux-tu que mon hyménée ne soit pas mortelle-

ment flétri par ton absence? Hélas! j'étais si
heureuse, il y a une heure, de songer que nous
étions inséparables, et à présent, voilà qu'il me
faut choisir entre Evenor et toi, et prévoir des
jours où je pleurerai l'un ou l'autre! Pourquoi
nous as-tu révélé sitôt le mystère de notre existence? Nous étions si jeunes! Ne pouvions-nous
savourer encore quelque temps la félicité qui nous
était accordée!

— J'aurais pu me taire, en effet, répondit la
dive, si je vous avais regardés comme des êtres
secondaires dans la création. Il fut un temps où
je ne prévoyais rien de ce que je viens de vous
prescrire. C'est quand vous étiez des enfants pour
ainsi dire étrangers aux plus hautes préoccupations de mon esprit. Oui, je l'avoue, en vous
chérissant comme j'avais chéri mes propres enfants, j'avais pour vous, malgré moi, les mêmes
faiblesses, inutiles, hélas! que j'avais eues pour
eux. Je redoutais, j'éloignais l'heure de l'initiation, et je soutenais contre moi-même un combat
violent. Je craignais de vous tuer, et je me disais
que si les dives, créatures plus parfaites selon
moi, n'avaient pu, dans ces temps-ci, recevoir la
lumière divine sans mourir, à plus forte raison,
vous succomberiez dans la lutte du monde spiri-
tuel avec le monde positif, vous autres si peu
portés, relativement, à sacrifier l'un à l'autre,

Ah! j'ai encore bien souffert à propos de vous,
nobles êtres que je méconnaissais à force de sollicitude! Combien de nuits j'ai passées à contempler votre doux sommeil et à me dire : Ils
sont beaux et forts, ils sont calmes et souriants ;
je n'ai plus qu'eux sur la terre; faut-il donc
qu'en leur révélant l'immortalité de leurs âmes,
je les précipite dans la lutte amère du devoir?
Pourquoi ne pas les laisser vivre dans l'innocence
primitive comme vivent leurs semblables? Pourquoi risquer sur eux ce terrible breuvage de la
vérité qui leur donnera peut-être la mort en ce
monde, sans leur assurer la vie dans l'autre?

« Vous le voyez, je doutais encore alors que
vous fussiez les enfants de Dieu au même titre
que nous, vos devanciers sur la terre. S'ils n'ont
pas reçu la notion de l'avenir infini, me disais-je,
c'est qu'ils ne sont peut-être pas destinés à le
posséder. Peut-être doivent-ils accomplir leur
mission tout entière ici-bas, et revivre éternellement sous les mêmes formes, avec des organes
imperfectibles, dans un milieu toujours impar-
fait. Ils n'ont pas mérité comme les dives,
éprouvés par des siècles de souffrance, d'aller
immédiatement prendre possession des astres
supérieurs. Eh bien, si leur royaume est de ce
monde, qu'ils y vivent dans l'ignorance des
mondes meilleurs!

« Mais je ne pouvais m'arrêter à une telle résolution. Outre que ma conscience la repoussait
par d'énergiques appels et de cruels tourments,
je vous voyais, non pas toujours, mais quelquefois, pressés d'une ardente curiosité des choses
divines. J'avais déjà vu Leucippe sortir tout à
coup de l'activité fiévreuse de ses joies enfantines
pour me demander avec une sorte d'autorité
obstinée à qui s'adressaient mes prières et qui
était l'auteur des choses. Tantôt elle voulait que
j'eusse creusé la mer et entassé les montagnes ;
tantôt elle me remerciait d'avoir semé le ciel
d'étoiles et la terre de fleuves ; et quand la foudre troublait son sommeil, elle me demandait de
la faire taire ; elle pressentait, en dehors de nous,
une puissance à laquelle elle me croyait capable
de résister, et elle s'alarmait de mes réponses
quand je lui disais ne rien pouvoir sur les éléments.

« Je l'avais donc initiée, d'abord malgré moi,
et ensuite avec plus de confiance, en constatant
que je dissipais ses terreurs en lui parlant du
Père suprême. J'eus plus d'hésitation avec toi,
mon fils. Ton esprit me semblait plus ardent et
plus inégal encore que celui de Leucippe, et
comme il y avait dans tes yeux et dans ton attitude je ne sais quelle anxiété, au commencement,
je ne t'éclairais qu'avec méfiance et lenteur. Mais

bientôt tu m'ouvris un esprit docile et un cœur aimant, sans que le principe de la vie parût ébranlé par ce grand effort de la foi et par ce brûlant éclat de la lumière d'en haut. Plus je t'ai enseigné, plus je t'ai trouvé accessible à l'enseignement, et dès lors j'ai compris l'étendue de mes devoirs envers vous deux. A présent, je sais qu'il ne m'est pas permis de vous laisser jouir de la vie à la manière des oiseaux ou des plantes, et que, pour vous élever à la vie des anges, je dois vous faire acheter leurs ravissements sublimes par les mérites du sacrifice... »

Evenor et Leucippe n'osèrent répliquer. Ils se sentaient courbés et comme brisés, pour la première fois, par l'ascendant de l'austère vérité. Le lendemain, dès l'aube, ils allèrent dans la forêt, et, avant de commencer leur travail, ils essayèrent de prier ; mais ils ne purent d'abord que se regarder avec tristesse et se jeter en pleurant dans les bras l'un de l'autre.

— Ah ! disait Evenor, j'avais fait de si doux projets ! Téleïa nous avait dit souvent : « Quand vous aurez atteint l'âge de la liberté, je te confierai ces haches et ces massues de fer et de cuivre, et tu pourras alors entailler le rocher et faire à Leucippe un escalier pour descendre dans l'Éden. Je te permettrai d'y bâtir une cabane, et c'est dans ce riant séjour que Dieu consacrera

votre hyménée. » Et voilà que maintenant ces
instruments de conquête sont des instruments de
douleur et de servitude. Ils nous faut construire,
non plus un asile de paix, mais une maison de
voyage, et peut-être un tombeau !

— Et moi, répondit Leucippe, j'avais rêvé
de te faire vivre dans un éternel sourire. Sa vie
sera une fête, me disais-je, et que l'orage gronde
ou que le soleil brille, il aura toujours la joie à ses
côtés. Et maintenant, tu le vois, je pleure et mes
baisers vont devenir amers, car je crois que Téleïa veut que je me sépare d'elle, et je ne pourrai
plus te donner un bonheur parfait, ne l'ayant plus
en moi-même.

— Eh bien, dit Evenor, je ne veux pas que
ton âme soit troublée, car tes larmes me sont un
supplice. Je vais dire à Téleïa qu'elle s'est trompée et que nous ne sommes pas semblables aux
dives, qui aimaient la souffrance et la mort. Je
lui dirai que je ne veux connaître d'autres devoirs que celui de te rendre heureuse, et que,
puisque tu ne peux pas vivre contente sans elle,
je ne veux pas revoir ma mère ni me soucier de
la peine que lui cause mon absence.

Leucippe, effrayée de ce que disait Evenor, le
retint comme il se levait pour aller vers Téleïa.

— Ta mère ! ta pauvre mère ! dit-elle. Ah !
que j'ai pensé souvent à sa douleur, depuis que

je sais qu'elle vit loin de toi! Ta mère, je l'aime, car c'est encore toi, et si dans ton souvenir tu la chéris autant que je chéris la dive, je vois que tu n'as pas été heureux près de moi comme je l'étais moi-même. Non! non! tu ne peux pas renoncer à la revoir et à la consoler. Je n'aurais plus un jour de repos ni de joie si je t'en détournais. Il faut partir, Evenor; il faut prier et travailler.

— Eh bien, alors, toi qui ne peux vivre sans Téléïa, tu me laisseras donc partir seul, reprit Evenor, et il faut donc que je sois coupable ou désespéré?

— Non, s'écria Leucippe, tu ne seras ni désespéré, ni coupable, et le sacrifice que tu m'offrais, je saurai le faire.

Et, s'agenouillant, elle pria avec ferveur, demandant à Dieu le courage, c'est-à-dire la joie dans les pleurs et l'ivresse dans l'immolation de soi-même.

— Mon père invisible, disait-elle, aide-moi à comprendre la loi du devoir. Je sais maintenant que je ne dois jamais te demander ni la vie, ni la santé, ni un ciel pur, ni les fruits, ni les fleurs, ni même la vue de ceux que j'aime, s'il te plaît de sacrifier à tes secrets desseins tous les trésors de mon existence et toutes les splendeurs de la nature. Mais ce qu'il m'est permis d'implorer, c'est le perfectionnement de mon âme et la puissance de t'aimer assez pour accepter tout ce qui émane de toi, même les douleurs, les dangers et les regrets déchirants. Prends donc pitié de ma faiblesse et donne-moi la force qu'il me faut pour ne jamais douter de ton amour et de ta bonté, quelque épreuve que j'aie à subir sur la terre ou ailleurs.

Evenor, prosterné auprès de Leucippe, se sentit transporté et ranimé par sa foi naïve.

— Oh! Leucippe, s'écria-t-il, c'est Dieu qui me parle par la voix de ta prière. Tu me fais comprendre ce que, moi aussi, je dois lui demander, et je sens déjà qu'il nous l'accorde! Oui, je me sens inondé d'une secrète joie et comme investi d'une force nouvelle. J'apprends en cet instant qu'il est non-seulement possible, mais doux, de souffrir pour ce qu'on aime, et me voilà prêt à partir seul, sans faiblesse et sans désespoir, car je ne veux pas que tu me sacrifies ta mère ou que tu sois inquiète de moi. Je partirai et je reviendrai vite, sois-en certaine; rien n'est impossible à l'amour, je le savais, et à présent je sais que rien ne lui est difficile.

Il se releva, brandissant au soleil matinal sa cognée brillante, et, comme il s'approchait d'un arbre pour lui porter le premier coup, la dive sortit de derrière cet arbre comme les hama-

dryades que l'on a cru jadis habitantes du tronc
sacré des chênes.

— Travaille, Evenor, dit-elle ; travaille avec
une joie sans mélange, car l'épreuve que je t'im-
posais a porté ses fruits. Te voilà digne d'être
l'époux de Leucippe, et c'est pour construire
votre cabane dans l'Éden que le fer sacré doit
sortir de son inaction. Leucippe, aide ton fiancé,
selon tes forces ; car, toi aussi, te voilà digne de
lui. En vous sacrifiant l'un à l'autre, vous avez
conquis la sainteté de l'amour, et au lieu d'une
fougueuse et passagère ivresse, vous connaîtrez
les joies ineffables des célestes ravissements. Jusqu'à ce jour, les larmes n'avaient consacré aucun
hyménée parmi les enfants des hommes. Les
larmes sont saintes, sachez-le, ô vous qui venez
de répandre cette rosée du ciel sur le pacte du
vrai bonheur !

VIII

L'HYMÉNÉE.

———

De ce moment, la dive cessa de surveiller avec inquiétude les chastes amours de ses enfants adoptifs. Elle avait dit à Evenor en lui montrant l'Éden : « Je te confie ta fiancée. Elle ne peut être ta femme sans qu'une prière suprême unisse notre triple amour en un seul. Construis ta demeure, et j'irai la consacrer par ma bénédiction, symbole de Dieu sur la terre. »

Téleïa savait que, dès lors, les transports de la nature seraient vaincus par l'esprit. Elle avait

donné la vie céleste à ces deux êtres. Le trouble
des sens ne pouvait plus les surprendre. La volonté était éclose en eux. Ils avaient la notion de
la grandeur de leur destinée et de la majesté de
leur union prochaine. Une ivresse sans conscience
d'elle-même ne menaçait donc plus d'appesantir
leurs esprits et de dominer leurs résolutions. Ils
avaient pleuré, ils étaient baptisés par ces larmes
pieuses. Ils s'aimaient enfin, et par le cœur et par
l'intelligence encore plus que par les sens. Ils
étaient homme et femme, c'est-à-dire un désir
plein de respect et une promesse pleine de fierté.

D'ailleurs, la dive ne leur laissa point perdre
de vue le sentiment de leurs autres devoirs. Elle
les entretint encore de leur solidarité avec leur
race et de l'avenir qu'ils devaient consacrer à
l'enseignement de leurs frères. Sans limiter le
temps qu'ils devaient passer dans l'Éden, elle ne
leur montra les délices de leur isolement que
comme une préparation religieuse à l'accomplissement d'une mission plus étendue, et la construction de la maison flottante destinée au pèle-
rinage fut considérée comme la conséquence de
celle de la tente plantée au désert en vue de l'hyménée.

Quand elle les eut fiancés par une première
bénédiction, elle se retira mystérieusement dans
les rochers du Ténare, ayant là quelque rite

sacré à accomplir, et voulant aussi habituer Leucippe à son absence.

Cette absence rendit Leucippe moins timide et plus sérieuse avec son fiancé. Le premier soin d'Evenor avait été d'entailler avec le pic des degrés égaux dans le bloc de roches qui rendait l'accès de l'Éden difficile à sa compagne et périlleux pour lui-même. Les premiers pas du beau couple dans ce jardin choisi de la nature les transporta de joie, et d'abord ils s'y élancèrent en se tenant par la main et en témoignant leur naïve admiration par une course ardente et rapide. Evenor ne donnait pas à Leucippe le temps de voir et de comprendre. Il l'entraînait de la vallée des fleurs aux arbres des collines et des rives du lac aux rochers de l'enceinte.

— Ah ! que ton jardin est beau, s'écriait Leucippe ; comme on y oublie les secousses et les ravages du volcan ! On dirait qu'ici la terre n'a jamais produit que des fleurs, et que la sauvage mer n'a jamais osé y pénétrer. Vois comme le sol est doux et l'air tranquille ! On marcherait ici toute la vie sans se lasser !

Et Leucippe, détachant ses chaussures d'écorce, les jetait loin d'elle, joyeuse de sentir sous ses pieds délicats, au lieu des cendres vitrifiées et des rudes lichens de la solfatare, les sables fins et les mousses veloutées de l'Éden.

Mais quand, à force d'errer et d'explorer, elle se sentit vaincue par la fatigue, elle s'assit à l'ombre d'un épais berceau de myrtes, et dit à Evenor, qui venait se reposer à ses côtés, de bénir Dieu avec elle et de lui parler de l'endroit où ils bâtiraient leur demeure. Un instinct de pudeur l'avertissait de distraire les regards et la pensée de son fiancé de l'ardente contemplation de sa beauté enivrante.

Alors, ils cherchèrent des yeux le site le plus attrayant pour l'établissement de cette villa primitive qui s'élevait dans leurs imaginations comme un temple, chef-d'œuvre de l'art relatif à l'aurore de la vie. Ils en eurent pour tout un jour à choisir l'emplacement de leur sanctuaire. Leucippe se faisait déjà l'idée d'une cabane, car, dans ses jeux enfantins, Evenor en avait bâti bon nombre avec de petites branches, et Leucippe, en les admirant, les avait imitées. Ils tracèrent donc sur le sable les proportions de celle qu'ils rêvaient ensemble, et ce fut à mi-côte de la colline qu'ils décidèrent de la commencer, en vue du lac, et à l'abri des rochers qui pouvaient se détacher des montagnes en cas d'un nouveau tremblement de terre.

Leucippe chérissait les fleurs, et celles de l'Éden étaient si belles, qu'elle regrettait de les voir foulées et broutées en quelques endroits par

les sauvages troupeaux de la vallée. Ces troupeaux s'étaient beaucoup multipliés depuis l'en-
combrement du défilé, et Evenor, à qui la dive
avait enseigné la chasse en lui confiant un arc et
des flèches, résolut d'en immoler une partie. Ce
fut un chagrin pour Leucippe. Elle voulait seulement qu'une palissade fût élevée autour de la
partie du jardin où l'on placerait la cabane, pour
préserver les plus belles plantes. Mais Evenor
lui rappela les leçons de la dive.

— Souviens-toi, lui dit-il, que la destruction
est la loi de l'animalité. Les animaux enfermés
ici sont trop nombreux, et tu vois qu'ils se font
la guerre et se tuent les uns les autres. Quand
Téléia nous racontait la création terrestre, elle
nous montrait chaque être apparaissant aussitôt
que l'être destiné à devenir l'aliment de son
existence, commençait à tout envahir. A la
plante ont succédé l'animal qui broute l'herbe
et la feuille, et l'insecte qui suce la poussière
fécondante des fleurs. D'autres animaux dévorent
ceux-ci, et l'homme est sans doute destiné à
manger les animaux quand sa race se sera multi-
pliée au point de ne pouvoir plus leur laisser un
trop grand parcours sur la terre. Les coquillages
de la mer, les œufs des oiseaux, les grains et les
fruits mêmes que nous mangeons sont des êtres
vivants ou destinés à vivre, que nous ne saurions

nous reprocher de détruire, car nous avons droit
sur la nature entière ; et si la chair et le sang
nous inspirent encore une vive répugnance, Téleïa
l'a dit, et je le crois, il n'en sera pas toujours ainsi.

« Quant à présent, la dépouille de ces buffles et
de ces chamois qui sont devenus trop nombreux
dans notre Éden nous sera utile. Nous respecte-
rons les oiseaux, parce que, libres de quitter cette
vallée, ils ne menacent pas de nous laisser manquer de fruits. Un jour viendra pourtant où les
hommes aussi leur feront la chasse, si le nombre
de ces hôtes avides augmente jusqu'à dépouiller
tous les arbres. »

Leucippe devenait triste à l'idée des futurs besoins de l'humanité et de la persécution que les
innocentes créatures de l'air et des bois devaient
fatalement subir. Elle comprenait cependant que,
de toutes les existences de ce monde, celle de
l'homme étant la plus précieuse, toutes celles qui
pouvaient lui devenir nuisibles devaient être sa-
crifiées ; mais elle pleura, lorsqu'elle vit tomber
la première biche sous la flèche d'Evenor, et le
jeune homme lui-même ne put accomplir cette
sorte de meurtre sans une émotion profonde.

Pourtant il regarda comme un devoir de préserver l'Éden d'une dévastation qui eût eu pour
effet de rendre toutes ces bêtes nuisibles ou fu-
rieuses ; et quand il en eut diminué le nombre,

il s'attacha à préserver et à apprivoiser toutes celles que des instincts de domestication poussaient à chercher sa protection. Elles furent bientôt, par les soins de Leucippe, aussi familières que celles de la forêt du Ténare, et, libres dans un espace assez vaste pour leurs besoins de pâture et de mouvement, si elles ne venaient pas toutes à sa voix, du moins aucune ne fuyait à son approche, et plusieurs semblaient même se plaire à ses caresses. Les chiens surtout montraient, comme ceux de Téleïa, une intelligence et un attache-ment extraordinaires, et si quelques bêtes mal-faisantes eussent pu pénétrer dans l'Éden, Eve-nor et Leucippe eussent été fidèlement gardés et défendus.

La cabane s'éleva rapidement, plus vaste, plus solide et plus élégante qu'aucune de celles dont Evenor se rappelait avoir vu le modèle dans sa tribu. Ses outils de fer lui permettaient une bien autre précision dans l'assemblage des pièces, et le choix de matériaux bien plus précieux. Il fit tous les montants en tiges de jeunes cèdres déjà vigoureux, et, au lieu d'un toit de branches et de terre battue, il inventa une sorte de fronton revêtu d'écorces et de palmes, qui facilitait l'é-coulement des pluies. Il ne voulut pas que Leu-cippe y entrât en rampant, comme dans une ta-nière, mais qu'elle pût y marcher et y respirer

comme dans la vaste grotte des dives. Il avait eu
soin de ne pas dépouiller le terrain aux alentours
et de réserver de longues vignes qui, enlacées au
chèvrefeuille et au jasmin, furent disposées par
lui avec grâce sur les parois extérieures et sur
le toit de la cabane. Il inventa même des siéges et
des vases de bois, tandis que Leucippe, labo-
rieuse et industrieuse autant que lui, inventait
des corbeilles nouvelles et des ustensiles de jar-
dinage. Le sol de la cabane, battu avec soin par
Evenor, fut recouvert par elle d'une fine pouzzo-
lane qu'elle alla recueillir dans les creux volcaniques, et de légères dalles de basalte firent un
canal d'irrigation au milieu du palais rustique.
Evenor y avait ménagé le passage d'un limpide
ruisseau dont le continuel murmure résonnait à
son oreille comme un chant d'hyménée.

Tout ce doux travail fut poursuivi avec une
ardeur naïve. Quelquefois Evenor trouvait que
Leucippe, plus calme que lui, le faisait durer trop
longtemps. Et pourtant, chaque fois qu'elle insis-
tait sur la perfection d'un détail, il s'y prêtait
avec docilité, et l'achevait avec conscience. Né-
gliger quelque chose dans l'embellissement du nid
sacré lui eût semblé injurieux envers Leucippe
et indigne de son propre amour.

Chaque soir, les deux beaux fiancés, un peu
fatigués de leur journée, mais impatients de re-

commencer le lendemain, retournaient auprès de la dive. Ils la trouvaient rentrée avant eux dans la grotte, et la joie de Leucippe était extrême en la revoyant. Téleïa lisait sur son front pur la pureté de ses préoccupations et eût craint de l'outrager par un doute.

Mais, de son côté, Leucippe la regardait avec une secrète anxiété. La dive changeait visiblement d'aspect. Chaque jour elle était plus pâle et d'une stature plus ténue, ce qui la faisait paraître plus grande. Sa beauté, ravagée par la douleur, avait pourtant un type de noblesse indélébile, et ses yeux prenaient une sérénité effrayante, parce qu'ils avaient la fixité de la mort.

Quand Leucippe lui demandait si elle éprouvait quelque souffrance ou quelque redoublement de tristesse, elle répondait, avec un sourire étrange, qu'elle n'avait jamais été plus calme, et quand ses enfants adoptifs la suppliaient de ne pas rester seule tout le jour, et de venir voir leurs travaux, elle répondait, avec une douceur inexorable, qu'elle irait le jour où Leucippe lui dirait que tout était prêt pour la prière solennelle.

Quand tout fut prêt, en effet, Leucippe hésita et trembla devant Evenor, plus tremblant qu'elle même. Leucippe n'ignorait pas les lois de l'hyménée. L'ignorance absolue des vierges est un résultat factice de l'éducation, une nécessité toute relative de nos mœurs corrompues. Dans les temps d'innocence, la pudeur n'était menacée d'aucun souffle impur, et l'accomplissement des lois de la vie n'était pas envisagé comme un péril pour la dignité humaine. Si Leucippe eût vécu dans la tribu d'Evenor, elle eût attendu en souriant le nouvel hôte de sa cabane. Mais Leucippe, aussi pure que ces filles sans appréhension et sans réflexion, avait de plus qu'elles un respect éclairé et enthousiaste pour l'époux qui lui était destiné. Ce respect éveillait en elle la pudique modestie de l'amour et comme un sentiment de terreur religieuse au moment d'une consécration qui, dans sa pensée, embrassait l'éternité tout entière.

De son côté, Evenor, plus tourmenté de vagues désirs et moins timide vis-à-vis de lui-même, se sentait éperdu et troublé devant la crainte de déplaire à Leucippe. Sa délicatesse intérieure était peut-être moins exquise, car il s'inquiétait de l'émotion mystérieuse de sa fiancée sans en bien comprendre la cause. Il avait donc des moments d'impatience où il était tenté de lui reprocher de l'aimer faiblement; mais la mélancolique rougeur de Leucippe lui semblait une condamnation de ses pensées, et il n'osait même plus la questionner sur sa réserve.

Cependant, un soir qu'ils revenaient vers la

dive, il lui dit en s'agenouillant devant elle pour arrêter sa marche obstinée :

— Écoute-moi, Leucippe, et réponds-moi. Il faut que tu me dises si j'ai perdu ta confiance, et si, par quelque faute que j'ignore, j'ai mérité de te voir triste et pensive comme tu l'es depuis que la cabane est finie.

— Loin de là, répondit Leucippe; ton silence, ton respect et ton courage me pénètrent d'un tel amour, que je me demande à toute heure si je mérite d'être ta compagne pour toujours. Songe, Evenor, que nous allons jurer à Dieu, devant Téleïa et dans toute l'ardeur de nos volontés, de nous appartenir l'un à l'autre dans cette vie et dans toute la suite de nos existences futures. Eh bien, sais-tu à quoi je songe? C'est que, si je ne suis pas un être assez parfait pour te rendre heureux, tu seras troublé par moi et las de moi dans toute l'éternité. Voilà pourquoi j'hésite et me recueille; voilà pourquoi je rêve et prie sans cesse. Si je devais être, dans l'hyménée, l'éternelle cause de ta souffrance, j'aimerais mieux rester ta sœur, car jusqu'à ce jour, je ne t'ai causé aucune peine, et tu m'as toujours bénie. J'ignore les joies de l'hyménée; mais, quelles qu'elles soient, j'y renoncerais à jamais plutôt que de te les donner au prix de ton amitié sans mélange et sans fin.

— Ah! je puis te jurer de moi la même chose,

s'écria Evenor. Oui, j'aimerais mieux rester ton frère que de satisfaire ma passion au prix de ton bonheur et de ta tendresse. Mais j'ai confiance en moi-même. J'ai l'orgueil de mon amour, et tu ne dois pas t'en méfier. Je me sens en possession d'une flamme si ardente et si sainte, que je peux répondre de moi comme de toi-même. Va, ne crains rien. Dieu sait que je suis digne de ton amour, parce que le mien est toute ma vie. Quand je devrais souffrir pour toi tout ce que l'humanité peut souffrir, des peines et des craintes que j'ignore... quelles qu'elles soient, je les accepte, sachant que je ne puis rien souffrir qui me vienne de toi, et que je serai toujours assez heureux, puisque tu m'aimes.

Leucippe releva Evenor, et, sans lui répondre, elle le conduisit auprès de la dive :

— Ma mère, lui dit-elle, veux-tu venir demain bénir la maison de l'Éden, qui est prête à te recevoir?

— Soyez-y à l'aube naissante, répondit la dive. Moi, j'y entrerai avec le premier rayon du soleil.

Les oiseaux commençaient à gazouiller faiblement dans le crépuscule bleuâtre quand les fiancés entrèrent dans le splendide bosquet de fleurs et de feuillages qui entourait la cabane; mais ils n'osèrent pénétrer les premiers dans la cabane même. Leucippe avait suspendu devant la porte un de ces forts tissus de palmier que la dive lui avait enseigné à tresser pour conserver la fraîcheur de son habitation. Quand la dive arriva et souleva cette natte, deux petits roitelets troglodytes, qui s'y étaient glissés durant la nuit, en sortirent avec un chant d'une douceur inexprimable. En d'autres temps, cet augure eût été commenté et interprété par les hommes. Les jeunes époux n'y virent qu'un sujet d'attendrissement qu'ils ne cherchèrent point à définir.

D'ailleurs, la dive absorbait leur attention. Elle avait repris, pour ce jour-là, l'antique costume de sa race. Sa tunique de peau de panthère tachetée (dépouille d'un animal depuis longtemps expatrié de cette région) était assujettie à sa taille svelte et imposante par une ceinture et des agrafes d'or d'un travail lourd et d'un goût austère comme le bandeau de pierreries brutes qui retenait ses longs cheveux blonds. Elle portait un livre, c'est-à-dire une large tablette de métal qu'elle posa sur le seuil de la cabane. Elle avait passé les jours et les nuits, depuis les fiançailles du jeune couple, à résumer, dans de courtes sentences, les principes religieux et sociaux qu'elle leur avait communiqués. La science des temps primitifs, loin de s'aider du développement de l'éloquence, consistait, pour la langue écrite, dans une symbolisation énergique et concise de l'idée.

De là le mystère de ces formules, qui ne fut motivé d'abord que par la difficulté matérielle de résumer les codes religieux dans de courtes inscriptions ou sur des monuments pour ainsi dire portatifs, mais qui, plus tard, par une fausse application de la loi d'initiation, devint le principe des doctrines ésotériques. De ce que la parole, fugitive et facile à altérer, ne suffisait pas à l'enseignement religieux ; de ce que le dogme écrit exigeait de certaines constructions de langage et de certaines études, l'erreur des initiations exclusives et secrètes prévalut longtemps dans les sociétés naissantes, jusqu'aux époques de lumière morale, où de sublimes vulgarisateurs, comme Orphée, Pythagore ou Moïse, dégagèrent la vérité du mythe et donnèrent, en langue vulgaire, les lois de la religion et de la vertu à tous les hommes.

Les tables de la loi, qu'apportait la dive aux premiers initiés de l'humanité, étaient loin de cette apparente simplicité, bien qu'elles fussent pour Evenor et Leucippe d'une simplicité encore plus radicale. A travers les signes abréviatifs qui savaient rendre chaque phrase par un mot, par moins qu'un mot, par un signe élémentaire, voici la traduction de ce qu'ils lurent :

« Dieu, essence et substance infinies, partout et toujours simultanément.

« L'homme, essence et substance finies, dans les temps et dans les mondes successivement.

« La perfection divine infinie partout et toujours spontanément.

« La perfection humaine relative dans les temps et dans les mondes progressivement.

« L'esprit divin créateur, rénovateur et révélateur partout et toujours simultanément.

« L'esprit humain inventeur, innovateur et propagateur dans les mondes et dans les temps progressivement.

« Dieu, toute lumière, toute puissance, tout amour.

« L'homme, toute aspiration à la lumière, à la liberté, à l'amour.

« A qui croit et observe les lois, le règne du bien et le perfectionnement soutenu de son être dans l'infini et dans l'éternité.

« A qui les nie et les méprise, le châtiment du mal et l'angoisse d'une lente amélioration dans les mondes et dans les temps. »

Les pensées élémentaires qu'aujourd'hui, à l'aide des mots propres et de l'écriture convenue et fixée, nous pouvons éterniser en quelques minutes, avaient coûté un travail sérieux et opiniâtre à la dive, forcée de créer à la fois les mots et les signes; car on pense bien que, de tous les entretiens que nous avons prêtés aux trois anachorèles du Ténare, pas une seule phrase, pas un seul mot ne pourrait être la traduction directe des formes d'un langage primitif. Mais l'esprit de ces entretiens et le fond de ces doctrines, pour être modernes, n'en sont pas moins conformes aux mystiques révélations de la plus haute antiquité.

Quelle que soit la forme, quel que soit le symbole, des vérités à la fois immenses et naïves apparaissent comme une révélation émanée du ciel même, à l'aurore de la raison humaine, et quand cette raison a tourné dans des cercles de lumière ou de ténèbres qui s'enchaînent comme les spires d'une spirale, elle n'arrive qu'à confirmer, par ses travaux et ses recherches, la force de ces vérités proclamées à *priori* par l'inspiration divinatoire des premiers âges.

Quant à l'écriture mystérieuse de la dive, transmise à Evenor et à Leucippe, c'était probablement celle dont les hommes ont gardé longtemps les rudiments, affaiblis et altérés dans les secrètes traditions de leurs temples. On sait que, de même que le latin, langue morte et lettre close pour les illettrés, sert aujourd'hui de formule au culte catholique, une langue morte, oubliée du vulgaire, fut longtemps la formule des initiations de certains sanctuaires dans la haute antiquité. C'était la langue sacrée, la langue mystérieuse qui, torturée par l'interprétation, comme l'est aujourd'hui l'hébraïque primitive, arriva à se perdre entièrement, peut-être à l'époque de l'événement inconnu symbolisé dans le récit de la tour de Babel.

Quand la dive eut fait lire aux fiancés les préceptes écrits, elle leur dit :

— Je n'ai plus rien à vous apprendre; vous savez tout ce que je sais, car tout ce qui est écrit là est écrit pour l'esprit. Vous savez que vous êtes esprit avant d'être corps et que l'esprit est lumière. Vous savez que l'esprit s'unit au corps, c'est-à-dire l'essence à la substance par la loi de l'amour, et que, comme la perfection divine est à la fois esprit, substance et amour, la perfection humaine doit tendre à équilibrer les forces de l'esprit, du sentiment et de la substance.

« N'oubliez donc jamais que vous êtes deux âmes qui s'unissent, c'est-à-dire deux intelligences aimantes, et que l'union des sens n'est qu'une manifestation passagère, et comme un sacrement ou mystère commémoratif de l'union spirituelle et permanente de vos êtres abstraits. Que cette notion domine le délire de vos embrassements, elle le rendra divin et fera, d'un acte de la vie matérielle, un acte de la vie supérieure. Les vraies délices de l'amour sont à ce prix. Quiconque, dans les actes de l'amour, oublie son âme, ne trouve dans la vertu de son corps que fureur, suivie de lassitude. Pour celui qui unit son âme en même temps que son corps, les transports sont sacrés et les anéantissements délicieux. Là est tout le mystérieux plaisir des sens, la dernière des manifestations de l'animalité sauvage, la première de celles de la spiritualité humaine. »

Ayant ainsi parlé, la dive bénit le chaste couple et se retira.

Elle n'avait exigé des deux époux aucune formule de serment réciproque. Le serment n'était pas encore institué sur la terre. Témoignage de la fragilité humaine, ce vain palliatif de notre misère ne pouvait pas être imaginé dans l'âge de l'innocence, et chez ces deux premiers initiés à l'idée d'amour et de vertu, la vertu inséparable de l'amour mise en doute par l'exigence réciproque du serment eût semblé souillée par un blasphème.

La dive ne s'était pas préoccupée non plus d'une formalité qui, dans les temps ultérieurs, eût semblé indispensable aux âmes pieuses; je veux parler du consentement et de la bénédiction des parents d'Evenor. La raison de cet oubli était simple : l'hyménée d'Evenor et de Leucippe était le premier hyménée consacré religieusement sur la terre. Chez les hommes, l'amour

n'était encore qu'un instinct tout ingénu, satisfait
sans prévoyance et sans solennité. L'attrait de la
jeunesse décidait du choix. La fidélité était un
autre instinct naturel, dont nul ne songeait à nier
l'excellence et que les conditions sociales de la
famille tendaient à conserver, en l'absence de
lois et de préceptes. Mais qu'il y avait loin de
ces inoffensives associations à l'union ardente,
parce qu'elle était raisonnée, d'Evenor et de
Leucippe !

Si Evenor eût vécu dans sa tribu, il eût rencontré fortuitement la compagne de sa vie, ou,
s'il l'eût cherchée, ce n'eût été que sous l'influence magnétique d'un soleil de printemps.
Appelée comme lui, par les effluves de la vie printanière, dans quelque retraite ombragée ou dans
quelque promenade excitante, cette compagne, à
la fois sans crainte comme sans enthousiasme,
sans trouble comme sans volupté, eût consenti à
être sa femme, sans prendre à témoin ni le ciel
incompréhensible, ni la terre insouciante, ni la
famille débonnaire. La nouvelle épouse fût reve-
nue vers la tribu avec le nouvel époux, pour dire
à ces tranquilles parents : « Nous nous sommes
unis l'un à l'autre, et nous allons bâtir notre
demeure. » A quoi ceux-ci eussent répondu :
« Allez, et nous vous aiderons à élever vos enfants. »

Evenor ne pouvait donc songer à consulter son
père et sa mère, dans l'état d'ignorance et d'indifférence où il les avait laissés plongés ; mais il
se réservait, ainsi que Leucippe, d'aller leur demander leur bénédiction, en même temps qu'il
leur apprendrait, s'il était possible, quelles rela-
tions sociales et religieuses établit l'adoption particulière.

Cette résolution ne fut donc pas mise en oubli
dans l'ivresse de leur bonheur. Toutes leurs notions supérieures ne pouvaient que s'aviver au
foyer de leur amour, et, peu de jours après leur
hyménée, Téleïa vit avec une satisfaction douloureuse qu'Evenor travaillait avec Leucippe au
plan de sa maison flottante.

La pauvre dive avait sacrifié ses propres entrailles sur l'autel de l'amour divin. Elle avait
connu de l'humanité cette excessive tendresse
maternelle qui lui avait été envoyée d'abord dans
la personne de ses enfants comme une épreuve
suprême, et ensuite dans celle d'Evenor et de
Leucippe, comme une suprême consolation. Mais
le temps était venu où elle avait compris et accepté
l'immolation de ce dernier bonheur, comme une
nécessité du bonheur de ses enfants adoptifs,
puisque, dans ses idées rigides et saines, leur
bonheur ne pouvait être séparé de la pratique du
devoir. Elle combattait donc contre elle-même,

tout en combattant la tendresse que lui témoignait Leucippe, et tous ses soins tendaient désormais à lui inculquer non-seulement l'idée, mais encore l'habitude de leur séparation.

Dans cette lutte intérieure, Téleïa sentait sa vie physique diminuer rapidement, en même temps que l'enthousiasme, fruit sacré de la douleur, exaltait le principe de sa vie intellectuelle. Cachant sa souffrance et dominant ses regrets anticipés, elle souriait devant ces préparatifs de départ et parlait du retour espéré de ses enfants, en frémissant, au fond du cœur, des hasards du voyage et des dangers de la mer.

Elle ne varia pourtant point dans sa résolution de ne pas les suivre. Quand Leucippe la suppliait :

— Non, répondait-elle, Dieu n'a point permis de cette façon l'alliance des dives avec les hommes. Tout ce que je pouvais faire pour eux est accompli. Ma figure ne leur causerait que frayeur, et ma parole étrangère ne pourrait porter chez eux aucun fruit. C'est ici que je dois vous attendre pour ranimer en vous l'esprit d'amour et de foi, si, ébranlés comme je le fus moi-même par quelque grande douleur, vous revenez me demander l'assistance morale et religieuse.

Leucippe, en la voyant si pâle et si affaiblie,

tremblait de ne plus la retrouver ; mais Evenor
lui rendait l'espoir et les idées riantes.

— Aie confiance, lui disait-il ; Dieu a donné
pouvoir à l'homme sur toute la terre et sur les
eaux par conséquent ; nous vaincrons cet élément
terrible : le voyage est court ; nous le ferons souvent, et si, comme je le crois, nous détruisons la
frayeur que les dives inspirent aux hommes, nous
viendrons chercher Téléïa pour vivre parmi eux.
Songe qu'elle est jeune encore, et que, selon la
loi qui présidait encore naguère à l'existence de
sa race, elle doit vivre encore plus longtemps
que nous.

Dès qu'Evenor eût entrepris la barque qu'il
appelait sa maison flottante, il se sentit comme
passionné pour cet ouvrage. Il en choisit les matériaux avec un grand soin. Que n'eût-il pas
donné pour retrouver les débris de celle qui avait
autrefois porté Leucippe vers ce rivage ! Un jour
qu'il rêvait au bord du lac d'Éden, examinant
diverses combinaisons de petits ais flottants qu'il
y avait lancés comme des essais de la réalisation
de sa pensée, Leucippe lui dit en lui montrant
une sarcelle apprivoisée qui nageait tout près
d'eux :

— Regarde cet oiseau, il navigue sans effort
et sans aucune science, grâce à sa forme élégante.
Sa poitrine gonflée fend les ondes et tout son

corps allongé et finement arrondi semble destiné
à surnager, quelque vent qui le pousse.

— J'ai déjà remarqué cela, dit Evenor, et je
veux donner à mon ouvrage la forme du cygne,
qui est encore plus belle. Faire flotter un corps
sur la mer ne me paraît pas difficile; mais comment le dirigerons-nous? Ces oiseaux nageurs se
servent de leurs pattes, et il nous faudrait faire
un grand oiseau de bois qui eût aussi deux pieds
palmés capables de battre les ondes. Cela n'est
pas impossible, car nos bras sauraient bien
mettre ces sortes de nageoires en mouvement. Ce
qui me tourmente, c'est pourquoi l'homme lui-
même ne nage pas comme les animaux, et il me
semble que, si j'essayais, je traverserais ce lac,
dont une folle méfiance m'a empêché jusqu'à ce
jour d'affronter les endroits profonds.

En parlant ainsi, tout plein de sa méditation,
Evenor s'élança dans les ondes bleues du lac, et,
s'abandonnant à son instinct, il trouva, en peu
d'instants, le système de mouvements qui devait
le maintenir à la surface et lui fournir une nouvelle manière de cheminer sur un milieu sans
résistance absolue. Leucippe, effrayée d'abord,
n'eut pas plus tôt vu sa victoire, qu'elle s'élança
à son tour et se mit à nager avec plus de
souplesse encore que lui, plongeant en folâ-
trant comme une mouette, et se livrant à l'in-

stinct avec la confiance d'une âme heureuse.

Ce jour-là, ces époux ingénus s'imaginèrent qu'ils n'avaient plus besoin d'une barque, et qu'ils pouvaient traverser les mers comme les hirondelles. Il leur tardait d'être au lendemain pour essayer leurs forces au sein des vagues; mais ils eurent bientôt reconnu le court trajet qu'ils pouvaient faire, et ils revinrent, se disant qu'ils n'avaient oublié qu'une chose, c'est qu'il leur eût fallu des ailes pour reposer leurs autres membres, ou pour aborder les écueils d'où le flot les repoussaient avec fureur.

La construction de l'esquif fut donc reprise avec courage, et, après bien des essais, les rames furent mises en mouvement; la pirogue, svelte et légère, fut lancée par Evenor à une certaine distance du rivage. Leucippe, penchée sur les flots, le suivait des yeux, pâle et frissonnante. La dive lui cacha d'abord sa propre angoisse, mais quand elle vit la hardiesse et l'habileté du jeune nautonier, elle revint à sa confiance fataliste.

— Cette race est faite pour tout soumettre, s'écria-t-elle avec transport, et les éléments ne peuvent rien contre elle! Va! Leucippe, va, ma fille, et ne crains rien. Monte sur cet oiseau magique, qui peut faire à votre gré le tour du monde.

Evenor ne consentit cependant à prendre Leucippe à ses côtés, dans la barque, que quand il se sentit bien maître de sa découverte. Il la perfectionna bientôt d'une manière qu'il n'avait pas prévue. Comme il avait trouvé la chaleur ardente sur cette mer sans abris, il voulut y faire une tente à Leucippe, et, à cet effet, il dressa sur des piquets adaptés à l'esquif la tendine de tissu de palmier de sa cabane. Aussitôt la brise enfla cette voile improvisée, et les époux virent qu'ils pouvaient se reposer de la fatigue de ramer.

En peu de jours, Evenor observa les effets du vent combinés avec la résistance du tissu, et il sut se servir de la voile comme il s'était servi de la rame. Dès lors, il n'eut plus de crainte pour sa compagne chérie et prit les instructions de la dive, qui lui enseigna sur quelles étoiles il devait se diriger dans le cas où la nuit les surprendrait dans leur traversée. Elle porta dans la barque les vases, les outils et les toiles de roseaux et d'écorces dont elle voulait que ses enfants pussent transmettre l'invention et l'usage aux hommes de leur race. Leucippe cueillit les plus beaux fruits de l'Éden, Evenor lui ayant appris qu'ils étaient inconnus à sa famille et à sa tribu. Lui-même choisit la dépouille des animaux qu'il n'avait jamais vus paraître sur le plateau, et les plantes dont la graine nourrissante pouvait être acclimatée dans d'autres régions.

Munis de tous ces présents, ils reçurent la bénédiction de Téleïa, qui partageait leur confiance quant à la rapidité et à la sûreté du voyage, mais qui leur cachait l'effroi et la douleur de l'isolement où elle allait retomber. Elle affectait même de leur dire qu'elle avait besoin de quelques jours de solitude pour se recueillir après tant de préoccupations dont ils avaient été l'objet.

Elle les suivit du regard aussi longtemps que sa vue put saisir l'esquif comme un point noir sur les flots écumeux. Debout sur le rocher le plus élevé qu'elle avait pu atteindre, tant qu'elle distingua les baisers que lui envoyait Leucippe, elle agita son voile dans les airs ; mais quand la barque eut tourné les écueils de la côte et qu'elle ne vit plus rien, elle se laissa tomber sur la roche dénudée et y resta comme privée du souffle de sa vie, emporté par sa chère Leucippe.

Quand elle se releva, elle fut surprise de se trouver dans les ténèbres. Le soleil lui faisait pourtant sentir sa chaleur, et le chant des oiseaux résonnait dans les airs. Elle chercha à voir le ciel ; elle n'y trouva ni soleil, ni nuages, ni étoiles ; c'était une voûte sans clarté. Elle chercha à voir le sol sur lequel ses pas se dirigeaient au hasard : c'était un linceul uniforme. Elle chercha à voir ses chiens, qui hurlaient autour d'elle et la tiraient par son vêtement ; elle ne les distingua pas plus que le reste. Elle passa les mains devant ses yeux et n'y sentit passer aucune ombre.

— Cela devait être, dit-elle avec la tranquillité du désespoir. Leucippe était la lumière de mes yeux. Elle soutenait mon existence; elle en était le but et la cause. A présent, dive condamnée, me voici aveugle comme ceux de ma race ont commencé et fini. Dieu, mon père, que ta volonté soit faite! Si je ne dois plus entendre la voix de Leucippe, donne-moi la lumière d'un séjour plus propice; mais si je puis encore lui être bonne à quelque chose sur la terre, laisse-moi vivre encore dans l'horreur des ténèbres.

Et la dive infortunée, guidée par ses chiens inquiets et plaintifs, se traîna le long des rochers et regagna sa grotte solitaire.

IX

L'ORGUEIL.

———

Il nous faut revenir en arrière de quelques années et voir ce qui s'était passé chez les hommes du plateau depuis la disparition d'Evenor.

L'aïeul était rentré dans le sein de Dieu après de longs jours dont l'innocence n'avait pas été tout à fait inféconde, puisqu'il avait encouragé les progrès relatifs de sa nombreuse postérité autant qu'il lui était donné de le faire. Après lui, ces progrès furent pourtant plus rapides dans un certain sens, mais ils prirent un caractère dangereux, faute de lumières suffisantes.

Parmi les compagnons d'enfance d'Evenor, Sath, fils d'une des sœurs de sa mère, avait montré une singulière indifférence, et même comme une secrète joie, devant l'événement qui avait jeté le deuil et l'effroi dans la famille. Tandis qu'on cherchait de tous côtés l'enfant disparu, et que la mère désolée faisait retentir les bois et les prairies de ses cris et de ses sanglots, l'adolescent farouche donnait des signes de dédain et affectait de ne pas se mêler aux recherches des autres membres de la tribu.

Sath était plus âgé de quelques années que les autres compagnons d'Evenor, et son développement robuste le faisait paraître plus avancé encore. Sa beauté déjà virile réjouissait les regards, mais son intelligence tardive l'avait longtemps effacé et comme subordonné à l'ascendant d'Evenor et de ses jeunes amis.

Evenor parti, la vanité de Sath se sentait plus à l'aise, car il était vain de sa taille, de sa force et de son habileté dans les exercices du corps. Le contentement de soi-même est une des premières misères humaines que l'on voit se développer dans l'enfance de l'individu, et presque toujours l'engouement prématuré dont il se sent l'objet le jette pour toute sa vie dans ce mal incurable. C'est à ce mal qu'Evenor lui-même eût peut-être succombé sans l'expiation de sa solitude dans l'Éden et sans les sages enseignements de la dive.

Ce que l'on peut observer dans l'enfance de l'individu se remarque aussi dans celle des peuples. L'orgueil et la vanité y suscitent les premiers troubles, et quand les temps d'innocence finissent avec l'abondance des biens de la terre, l'ambition et la cupidité se trouvent tout naturellement engendrées par ces premiers vices, jusque-là inoffensifs en apparence.

La vanité est contagieuse. Nul ne peut se particulariser sans éveiller aussitôt chez les autres le besoin de se particulariser aussi, et de savourer ces douceurs de l'approbation générale qui sont l'émulation des nobles âmes et l'enivrement des esprits faibles.

Evenor, en méritant les préférences de sa famille par de précoces tendances au bien général, avait fait naître l'émulation parmi ceux de son âge. Sath n'avait pas partagé ce sentiment parce qu'il ne l'avait pas compris. Porté à l'individualisme, il n'avait éprouvé que de la jalousie, et quand il se trouva seul doué de certains avantages qui attiraient l'attention sur lui, il les fit valoir avec âpreté. De là naquirent aussitôt chez ses compagnons des instincts de même nature, qui n'attendaient que l'étincelle de l'exemple et du succès pour s'enflammer.

En peu d'années la jeunesse se montra donc
plus bruyante, plus active physiquement, plus
aventureuse et moins soumise aux parents qu'elle
ne l'avait été jusque-là, et les vieillards de la
tribu, voyant ou croyant que ce développement
des forces et des volontés pouvait devenir dangereux, essayèrent de réclamer sous le nom d'autorité ce qui jusqu'alors avait été connu sous un
nom équivalent à celui de confiance. Les adolescents supportèrent avec dépit ce premier frein ;
mais, dès qu'ils furent en âge de se prononcer,
ils le secouèrent, les uns soutenus, les autres
blâmés par leurs ascendants au premier degré,
qui voyaient éclore cette indépendance de l'esprit
avec crainte ou avec plaisir, selon leurs tendances
particulières. La vieillesse se trouva donc forcée
de transiger, et, en l'absence de règles fixes dont
on n'avait pas encore l'idée, on commença à vivre
dans une sorte d'agitation et de méfiance.

Un instinct naturel ramenait cependant la plupart des jeunes gens à la soumission envers les
parents ; mais cet instinct, à peu près nul chez
Sath, s'affaiblissait devant les suggestions de l'a-
mour-propre, et les natures irrésolues tendirent
bientôt à se rapprocher de lui et à s'abriter sous
le succès de son initiative.

Des luttes de force et d'adresse furent insti-
tuées sous le nom de jeux. Nées du hasard, ces

luttes devinrent une passion aussi vive chez ceux qui en avaient le spectacle que chez ceux qui y prenaient part. D'abord on lutta contre des forces inertes, contre des objets résistants, contre des fardeaux; mais on en vint à lutter contre des animaux, Sath ayant eu l'audace de dompter un cheval et la vigueur de terrasser et de lier un bœuf furieux. Les anciens virent avec plaisir cette conquête de l'homme sur l'animal destiné à son service; et bien que l'avantage de cette conquête ne fût pas encore démontré, ils se sentirent portés à y applaudir comme à une chose neuve et imposante.

Mais le développement de la force et du courage devait ébranler le règne de la douceur, et bientôt les jeunes gens, dédaignant de lutter contre la matière ou contre la brute, s'essayèrent à lutter les uns contre les autres. Ce furent les premiers combats, simulés, il est vrai, mais où s'essaya l'empire de la violence, et où s'allumèrent les premières étincelles de l'inimitié.

Tandis que les jeunes garçons marchaient ainsi vers un nouvel état de choses, la jeunesse de l'autre sexe, prise du même vertige, s'essayait aux luttes de la vanité féminine. Les belles filles de la tribu commençaient à se distinguer de leurs compagnes moins hardies ou moins favorisées de la nature. Elles imaginèrent de tresser leurs che-

veux, de ceindre leur taille et d'orner leurs bras
et leurs jambes de coquillages, de fleurs, de baies
vermeilles ou de graines noires pour rehausser
leur blancheur. Elles brodèrent de crins et de
plumes leurs tuniques et leurs sandales, et, au
lieu d'aider leurs mères dans le soin des jeunes
enfants, on les vit courir de tous côtés pour chercher, parmi ces futiles objets de leur convoitise
ingénue, les échantillons les plus beaux ou les
plus rares. Ainsi parées, elles quêtaient les regards des hommes, et, dans le spectacle des jeux,
auquel accouraient avec empressement leurs troupes bruyantes et folâtres, elles se disputaient les
places en évidence et s'étudiaient avec une grâce
sauvage à s'éclipser les unes les autres.

Ainsi naissaient chez les deux sexes des instincts de perfectionnement extérieur dont le but
mal compris, la gloire pour l'un, le charme pour
l'autre, menaçaient de faire fausse route et de
devenir la brutalité du courage et l'effronterie de
la séduction.

Avec ces instincts s'éveillait aussi celui d'une
certaine âpreté à la possession de choses qui,
jusque-là, n'avaient pas été prisées, il est vrai,
mais qui, du moins, n'avaient jamais été dispu-
tées. Le bien et le mal arrivaient ensemble, car le
progrès amenait fatalement le mal chez des êtres
dont aucun idéal supérieur à leur propre milieu

n'avait encore modifié les facultés. On commençait à se quereller pour une toison plus blanche qu'une autre, pour un rosier plus tôt fleuri, pour un cheval plus vigoureux, et même pour un emplacement plus favorable à la construction d'une cabane.

Cependant la terre était encore mille fois trop grande pour l'homme, et généreuse au delà de ses vrais besoins ; mais une inquiétude étrange la faisait déjà trouver trop petite et trop avare. Ses dons acquéraient une valeur fictive parce que le goût, en s'éveillant, créait le sens du choix. Le discernement y gagnait, sans doute, mais l'esprit de fraternité y perdait, et, en emportant la barbarie, la civilisation naissante emportait le bonheur.

Un jour, Sath se disputa avec un de ses compagnons pour une brebis que celui-ci avait prise au pâturage commun, et dont la laine fine et abondante le tentait.

— Je la voulais, dit Sath, et je l'avais marquée pour moi.

— Qu'importe ! répondit l'autre. Il y en a beaucoup d'aussi belles que tu peux prendre sans que je m'y oppose.

— Mais celle-là, je te dis que je la voulais, reprit Sath, et il me la faut. Elle est à moi, puisque je l'ai marquée. Tu vois le nœud que j'ai fait sur son front avec sa laine. Ne dis plus rien, et laisse-la-moi.

Le jeune homme, qui était grand et fort presque autant que Sath, sourit de ce prétendu droit, et, haussant les épaules, voulut prendre la brebis pour l'emporter ; mais Sath le suivit avec des menaces.

— Prendrons-nous la peine de lutter de nos corps pour une brebis? dit le jeune homme.

— Non ! dit Sath en colère, car je te briserais ; mais je m'en repentirais ensuite, parce que tu m'as souvent cédé. Que la brebis ne nous fâche donc plus, et qu'elle ne soit à aucun de nous deux.

Disant ainsi, Sath assomma le pauvre animal d'un coup de sa massue.

La querelle fut terminée, car le jeune homme trouva que c'était là une mauvaise action, et il se retira, effrayé de se sentir violemment irrité lui-même contre son semblable. Sath resta ému et agité ; il regardait la brebis expirante, étonné de ce qu'il avait fait ; et d'abord il songea à cacher la victime pour cacher sa faute. C'était le premier meurtre commis sur la terre, et tandis qu'Evenor, dans l'Éden, accomplissait un sacrifice de ce genre, mais après délibération et en vue d'une nécessité qui lui coûtait presque des larmes, Sath avait à rougir d'une violence inutile et qu'il ne pouvait motiver par aucun droit. Cependant son dur naturel triompha de sa conscience, et chargeant la victime sanglante sur ses épaules, il l'emporta pour la dépouiller, disant à ceux qu'il rencontrait et qui s'étonnaient de son action : « Ce qui est choisi par moi est à moi, et je le veux ainsi. »

Tous le blâmèrent, mais il y en eut plusieurs qui ne tardèrent pas à l'imiter. Ainsi fut imposé et accepté le faux droit basé sur la force.

Alors les parents s'affligèrent et dirent :

— Ceci est la fin du monde. Voilà les hommes déjà vieux et corrompus. On ne verra plus jamais de gens heureux, et la méchanceté devient chaque jour si grande, que bientôt nos enfants se tueront les uns les autres. Alors la terre retournera à ceux qui l'avaient avant nous et qui ne sont peut-être pas si loin qu'on le pense.

Mais la jeunesse orgueilleuse répondait à ces menaces :

— S'il existe d'autres maîtres que nous sur la terre, il est bon que nous ayons appris à combattre, car cette terre nous plaît, et nous n'y voulons pas souffrir une autre race que la nôtre.

Et comme ces désaccords allaient en augmentant, il se forma dans la tribu comme une tribu nouvelle qui se composait du plus grand nombre des vierges des deux sexes, et que Sath gouvernait par sa résolution et sa présomption expansive.

Ce parti fut appelé les *Nouveaux hommes*, lesquels, s'étant réunis à diverses reprises dans les
bois environnants, projetèrent de s'éloigner des
parents, qu'ils appelaient les *Anciens hommes*, et
d'aller former un établissement à une assez grande
distance pour n'être plus importunés de remontrances et de prédictions sinistres. Comme ils crai-
gnaient des reproches et des larmes, ils convin-
rent de partir dans la nuit, et, en effet, un matin,
quand on s'éveilla dans la tribu, on vit au loin,
dans les profondeurs de la plaine, une longue caravane qui se dessinait comme un serpent noir
sur les ondulations de la prairie blanche de rosée. C'était la jeunesse qui s'en allait fonder une
autre ville, et qui emmenait une grande partie
des animaux dont elle avait appris à se faire obéir,
et beaucoup de vases, de vêtements et d'ustensiles en vue d'une colonie indépendante de l'assistance des parents.

La douleur des parents fut grande; mais que
pouvaient-ils contre la liberté? Il n'était encore
jamais entré dans l'esprit d'aucun homme qu'on
pût enchaîner par la force la volonté d'un autre
homme.

Cependant les hommes nouveaux n'allèrent pas
loin sans trouver des obstacles. Ils savaient qu'au
delà des premières forêts, ils devaient rencontrer un large fleuve, et ils n'avaient pas songé à le

franchir ; mais quand ils l'eurent atteint, ils trouvèrent ses bords dévastés sur une vaste étendue
par des traces d'inondation périodique, et ils jugèrent qu'il fallait s'en éloigner beaucoup pour n'en
avoir rien à craindre. Si l'on restait en deçà, on
demeurait exposé aux invectives ou aux importu-
nités de la tribu mère, dont on n'était séparé que
par deux jours de marche. On campa sur un terrain aride et sablonneux où les jeunes filles commencèrent à s'attrister. Le lendemain, on re-
monta le rivage, puis on le redescendit dans
l'espoir de trouver un endroit guéable, et on ne
trouva que des flots rapides sur un lit profond.
Alors les filles vierges, effrayées de l'audace de
Sath, qui voulait tenter le passage, parlèrent de
retourner vers leurs familles et d'abandonner
l'entreprise. Mais Sath, parlant en maître au nom
de ses compagnons, leur déclara qu'elles n'étaient
pas libres de s'en aller, et qu'ils s'y opposeraient.

Ce langage déplut aux plus fières, et comme
on était à la fin de la troisième journée de voyage,
et que l'on avait fixé le passage au lendemain,
elles profitèrent du sommeil de leurs rudes compagnons pour s'enfuir et retourner dans leurs
familles.

Mais beaucoup demeurèrent, se disant les
unes aux autres : « Ces garçons nos frères sont
impérieux et méchants; mais si nous les quit-

tons, nous n'aurons point d'époux. Ceux qui sont
restés avec les anciens sont en trop petit nombre, et il vaut encore mieux nous quereller avec
ceux d'ici que de vivre seules et délaissées.,»

Le lendemain, on tenta le passage. Sath donna
l'exemple et s'avança le premier dans les flots.
Mais, au lieu de trouver, comme Evenor dans le
lac de l'Éden, l'inspiration de la confiance et la
révélation de l'instinct, Sath ne trouva aucun secours dans son audace et dans son amour-propre.
Il n'avait rien raisonné d'avance et faillit être
englouti. A force de se débattre avec rage, il regagna la rive ; mais, outre qu'il ne trouva personne disposé à le suivre, il n'osa tenter l'abîme
une seconde fois. Honteux et mécontent d'avoir
échoué, il guida sa troupe encore un jour le long
du fleuve en le redescendant, et trouva enfin un
endroit favorable ; néanmoins, quand on fut au
milieu du courant, les jeunes filles eurent un
moment de vertige et de terreur où elles se crurent perdues et faillirent entraîner leurs compagnons ; et lorsqu'elles furent apportées au rivage,
elles ne purent s'empêcher d'admirer et d'aimer
ces hardis protecteurs qui les avaient arrachées à
la mort en s'y exposant eux-mêmes avec une
énergie furieuse.

On marcha encore un peu, et, après qu'on eut
passé une longue coulée de blocs granitiques qui

s'arrondissaient en dômes énormes à fleur de terre, on découvrit la mer. Elle était couverte de brume, et on se crut arrivé aux confins du monde. Alors Sath s'écria :

— Il faut s'arrêter où la terre finit. Bâtissons ici une ville qui s'appellera *Porte du Ciel,* puisqu'il n'y a plus devant nous que des nuages.

Pourtant, lorsque le brouillard se dissipa, on comprit que c'était là l'abîme de l'eau, et une grande frayeur s'emparant de cette jeunesse sauvage, on s'éloigna de la rive avec de grands cris mêlés de rires convulsifs. On serait retourné jusqu'au fleuve, si Sath n'eût réussi à retenir son peuple par une ruse ingénue.

— Souvenez-vous, leur dit-il, que ce fleuve est perfide, et que ses bords, couverts de roches et de graviers, ne produisent que des joncs et des roseaux dont les animaux eux-mêmes ne se nourrissent point. Si vous voulez le franchir encore, je suis prêt à m'y jeter encore pour vous montrer que ce n'est pas la crainte qui me retient. Mais ces femmes nous suivront-elles, et quelques-uns d'entre nous, qui ont failli y périr, n'aimeront-ils pas mieux demeurer ici avec elles?

Les femmes ayant dit que rien ne les déciderait à repasser le fleuve, tous les hommes prirent le parti de rester dans cette région boisée, entre le fleuve et la mer, bien que la côte fût mal pro-

tégée contre le vent et que la terre s'y montrât
médiocrement fertile. Mais il y avait des arbres
pour bâtir et beaucoup de gibier, que l'on commença à chasser et à manger, car les fruits et
les grains étaient rares. Les femmes eurent de
la peine à s'y décider; mais peu à peu elles devinrent aussi ardentes à la chasse et aussi avides
de butin que les hommes, car la famine menaçait,
et les privations du corps commençaient à en-
durcir le cœur.

Le climat étant plus inégal dans cette région
que dans celle où l'on avait laissé la tribu mère,
on se hâta de bâtir les cabanes, et il résulta de
cette hâte qu'elles furent grossièrement agencées,
basses, étroites, et comme soudées les unes aux
autres pour épargner du temps et du travail.

Or, quand cette colonie se fut assuré le vivre
et le couvert, les hommes songèrent à l'amour,
et ceux qui se hâtèrent de prendre femme se
trouvèrent pourvus. Ce furent les plus avancés
en âge, et il resta un grand nombre des plus
jeunes qui se virent condamnés au célibat à cause
de la fuite des filles retournées dans leurs familles avant le passage du fleuve.

Cela devint promptement une cause d'envie et
de discorde. Les aînés dédaignèrent les plaintes
des mécontents et leur dirent :

— Si vous voulez des femmes, allez en chercher dans l'ancienne tribu, ou bien il vous faudra attendre que nous ayons des filles en âge de vous épouser.

Une tentative de réconciliation avec les anciens, ou tout au moins avec les filles que l'on avait offensées, fut donc résolue ; mais de grandes pluies vinrent, et le fleuve fut tellement gonflé, que le passage devint impossible. Le mécontentement et la colère ne sont pas des circonstances favorables aux créations de l'industrie. On ne songea pas à inventer le moyen de dompter le fleuve, et les jours se passèrent en plaintes et en reproches. Au sein de la tribu nouvelle une division nouvelle s'établit donc de prime abord, et les mariés raillèrent et dédaignèrent les non mariés qui étaient les moins forts et les moins nombreux.

Cette division d'intérêt et ce manque d'égalité dans les jouissances de la vie devaient amener promptement le mal sur la terre. En toutes choses, les aînés se crurent autorisés à opprimer leurs frères, et ceux-ci, frustrés et offensés en toutes choses, résolurent de se venger. Plusieurs femmes, mécontentes de la rudesse chagrine de leurs époux, se liguèrent contre eux. Ces hommes, nourris de viande et adonnés à la guerre contre les animaux, étaient devenus farouches et colériques. Le désordre s'introduisit dans les mœurs, des femmes trompèrent leurs époux, d'autres les quittèrent résolûment et furent reconquises par eux après des combats partiels où coula le sang des hommes, versé pour la première fois par les hommes. Les plus jeunes furent vaincus. Cependant, on ne s'était pas encore donné la mort; mais on ne tarda pas à se dire qu'il faudrait en venir là, et les plus faibles rêvèrent la trahison et l'assassinat, tandis que les plus forts s'habituaient à regarder la violence et le meurtre comme des droits acquis et des menaces légitimes.

X

LE CULTE DU MAL.

———

Une nuit, saisis de terreur, les opprimés se séparèrent de la tribu nouvelle et s'enfuirent dans la forêt jusqu'au bord de la mer. Depuis ce jour, ils prirent le nom d'*exilés*.

Ils s'étaient imaginé que les *libres* (c'est ainsi qu'ils appelèrent leurs frères oppresseurs) voulaient les faire tous périr par surprise, et, que cette crainte fût fondée ou imaginaire, ils résolurent de leur côté de prévenir ce forfait par un forfait semblable. En proie à une grande exalta-

tion, l'un d'eux, qui se nommait Mos, leur parla ainsi dans la nouvelle retraite où ils s'étaient réfugiés :

— Il y a longtemps qu'on parle de puissances qui sont dans la terre et au-dessus de la terre, dans les flots en fureur, dans les roches stériles et menaçantes, dans les vents, dans les nuages et dans la foudre. Et nous voyons bien que ces puissances existent et sont redoutables ; mais il en est une plus méchante et plus perfide, c'est celle de certains hommes, nos vrais ennemis ; nos vrais fléaux sont là-haut dans ce village qu'ils appellent la porte du ciel et qui a été pour nous la porte du malheur.

« Écoutez un rêve que j'ai fait plus d'une fois. Je voyais un être affreux qui ressemblait à un homme, mais qui courait comme une chèvre et mordait comme un loup. On ne pouvait le regarder sans frayeur, et il disait : « C'est moi qui « suis le cruel, le vindicatif, le feu, le tonnerre « et la grêle. C'est moi qui ai rendu méchants « les hommes libres et qui rendrai malheureux « leurs frères exilés. Je m'appelle le laid et le « mal. Je suis plus fort que tous les hommes « réunis, et ils ne peuvent rien contre moi. »

« Alors, moi, dans mon rêve, j'eus peur de lui et je lui demandai ce qu'il fallait faire pour l'apaiser. « Il faut me servir, » répondit-il ; « il faut

« me rendre des honneurs plus grands que ceux
« que vous avez rendus à votre aïeul dans la tombe
« et à l'orgueilleux Sath, vainqueur dans les jeux.
« Il faut me nourrir, car j'ai toujours faim et soif,
« et les hommes ne m'ont encore presque rien
« donné. » Et comme je lui demandais quelle
nourriture il voulait... il m'a répondu un seul
mot : « Du sang! »

Le discours de Mos fit passer un frisson dans
tous les cœurs, et son rêve prit à l'instant le
caractère d'une réalité dans ces esprits en délire.
Le *méchant*, cet être horrible et mystérieux
qu'il avait cru voir et entendre, se dessina devant
eux comme une hallucination contagieuse, et
cette terreur fantastique les saisit tellement, qu'ils
se jetèrent tous la face contre terre pour ne pas
le voir.

Puis, se relevant et s'interrogeant confusé-
ment les uns les autres, ils se demandèrent à
quels moyens on aurait recours pour se rendre
favorable cette puissance ennemie et pour la décider à tourner sa rage contre les libres.

Telle fut l'apparition de la première pensée
religieuse chez les hommes réunis par la haine;
pensée sombre et délirante, qui ne pouvait faire
éclore que la notion du péché et inaugurer que
la croyance à un génie malfaisant, rival du Dieu
bon. Plus tard, ce génie fut appelé Arimane,

Satan ou le diable. Quelle que soit l'origine de
cette personnification, elle n'a pu apparaître
qu'à des hommes privés de la notion du vrai
Dieu.

Mos prit encore la parole :

— Il a demandé du sang, dit-il; nous lui
donnerons celui de nos méchants frères. Mais
nous ne sommes pas encore prêts à marcher
contre eux, et il faut apaiser la faim de ce vorace
qui crie toujours après moi dans l'horreur des
nuits. Donnons-lui ces animaux qui nous ont
suivis et dont la docilité nous permet de faire une
large hécatombe. Dressons une table aussi grande
que la butte de pierres et de terre qui a été en-
tassée sur la dépouille de notre aïeul, et cou-
vrons-la de chairs sanglantes. Nous verrons peut-
être arriver celui que nous invoquons, et nous
pourrons lui parler et le décider à être pour
nous.

Aussitôt ces infortunés se mirent à rouler les
rochers et à amonceler les terres, et ils bâtirent
ainsi un autel monstrueux sur lequel, rassem-
blant le troupeau qui les avait suivis, ils l'égor-
gèrent avec leurs épieux, en poussant des cris
frénétiques, comme pour couvrir les rugisse-
ments et les plaintes de ces bêtes innocentes qui
se débattaient dans les affres de la mort.

Quand le sacrifice fut consommé, on attendit

en vain l'apparition redoutable. Aucun monstre
ne se présenta pour lécher le sang des victimes,
et on commença à injurier et à menacer Mos, en
lui disant :

— Tu nous avais promis un appui et il ne
vient pas. Tu nous as fait sacrifier des animaux
inoffensifs qui nous seraient devenus utiles dans
ce désert, et nous ne retirons aucun bien de
notre folie. Tu nous as trompés, et tu mériterais
de périr pour que l'on vît si ton propre sang
attire *celui* que tu as annoncé.

Mos avait été de bonne foi dans son délire.
Quand il vit ses jours en danger, il se fit impos-
teur et déclara que le *méchant* viendrait pour lui
seul. On le laissa seul toute la nuit, au milieu
des ténèbres et couché sur les entrailles fumantes
des victimes. Là, pénétré d'horreur et d'épouvante, il eut une vision sans sommeil, une vision
qui acheva d'égarer son esprit et qu'il raconta le
lendemain, augmentée de ce que son imagination,
toujours plus troublée, lui faisait prendre pour un
souvenir. Le méchant était venu et il s'était repu
de sang ; après quoi, il avait dit : « Mangez ces
chairs, elles sont à vous. Je suis content de ce
que vous avez fait pour moi ; mais apprenez que
je vis dans la foudre, au-dessus des nuages.
C'est ce qui fait qu'à moins qu'il ne me plaise de
me montrer, vous ne me voyez point. Apprenez

aussi que je me nourris surtout de la fumée des sacrifices, et que je veux être appelé *l'implacable*, c'est-à-dire la force qui tue les forts et la vengeance qui enivre les faibles. Vous apprendrez à vos enfants à me craindre, et, d'âge en âge, je resterai avec votre race, car je suis celui qui ne meurt point. »

Et, à ce discours qu'il croyait avoir entendu, Mos ajouta une imposture volontaire pour se préserver des dangers attachés à toute révélation bonne ou mauvaise.

— *L'implacable* a dit encore : « Apprends que je suis Esprit, c'est-à-dire que je garde mon apparence et ma volonté quand je veux me dépouiller de mon corps, et que les hommes ne peuvent me détruire. Dis-leur que je t'ai choisi pour leur enseigner ma nature et ma science, et que celui qui te frappera sera frappé par mon invisible main, grande comme le monde et forte comme la mer. »

— S'il en est ainsi, répondit la tribu errante, fixons notre séjour non loin de cet autel qui nous est propice; mais ne bâtissons aucune demeure, car nos ennemis viendraient sans doute nous déposséder. Vivons à l'ombre de cette forêt jusqu'à ce que nous puissions fondre sur eux et à notre tour les déposséder de leurs maisons et de leurs femmes.

Le lieu où ils se trouvaient était d'une tristesse navrante. C'était à l'embouchure de ce même fleuve qu'ils avaient traversé pour s'éloigner et se séparer de l'ancienne tribu, et qui, aux approches de la mer, refoulé sur les sables accumulés par ses propres flots, se répandait en marais immenses sur la côte unie et plate comme un lac. Ces marais, sans profondeur, étaient couverts, en beaucoup d'endroits, d'une végétation abondante, mais inféconde pour l'homme. En compensation, de nombreux troupeaux de buffles erraient et se multipliaient dans les îlots de cette maremme. Enfoncés dans la vase jusqu'aux épaules, la tête cachée sous les roseaux, au milieu des arbres morts et des arbres vivants jetés pêle-mêle sur ces terrains sans cesse dévastés et sans cesse renouvelés, ils soutenaient de furieux combats contre les loups que leur présence attirait et parquait, pour ainsi dire, dans ce désert, jusque-là vierge de pas humains.

Les exilés eurent donc à les poursuivre dans des lieux presque inaccessibles, pour s'approprier leur chair, leurs dépouilles dont ils apprirent, sans le secours des femmes, à se faire des vêtements et des courroies, et leurs cornes dont ils se firent des armes et des outils. Mais en ce lieu, la chasse devint périlleuse, car les buffles apprirent non-seulement à se défendre, mais à

attaquer, et leurs cadavres n'étaient pas plus tôt
au pouvoir de l'homme, qu'ils attiraient les animaux carnassiers, et qu'il fallait veiller sans
cesse, pour préserver non-seulement le butin,
mais encore les hommes sans abri pour leur
sommeil.

Ces dangers furent d'autant plus grands que
l'on s'était dispersé sous l'empire d'un sentiment
de farouche égoïsme, chacun voulant garder pour
lui seul le rare butin des premiers jours. La
crainte de manquer, la difficulté de vivre, la misère, en un mot, avait inauguré le règne du mal,
plus encore que le sombre enthousiasme et les
rêveries fanatiques de Mos.

Cependant quelques-uns étaient restés autour
de celui-ci, et, partageant sa croyance, ils ne
cessaient d'offrir à l'esprit du mal leurs sacrifices et leurs invocations. La fièvre du merveilleux leur fit inventer diverses pratiques d'un
culte lugubre. Faisant des instruments de la
corne des animaux, ils remplissaient les échos de
la forêt du gémissement de ces trompes funèbres,
et, tout à coup, transportés d'une fureur sans
but, enivrés de la puanteur des viandes grillées,
ils figuraient, par des bonds sauvages et convulsifs, des danses sacrées autour de leurs bûchers.
Ces tristes fêtes attirèrent les autres exilés, et
l'on se réunit de nouveau sous l'attrait d'un culte

extatique, formé de cérémonies violentes et d'é-
motions forcenées.

Un jour qu'ils étaient ainsi rassemblés, Mos,
qui s'était institué, avec l'assentiment de ses
partisans, sacrificateur suprême et oracle inspiré,
leur parla ainsi :

— Le moment est venu où votre haine,
votre audace et vos forces sont mûres pour
le combat. C'est assez lutter contre les bêtes
sauvages, contre la faim, l'horreur des bois et
l'isolement. C'est contre nos frères ingrats qu'il
faut lutter maintenant. Ils nous croient sans
doute dévorés par la mer ou anéantis par la souffrance. Ils ne se méfient plus de nous, car ils
n'ont point songé à nous poursuivre et, depuis
que nous sommes ici, les vents du ciel ont effacé
la trace de nos pas. Soyons donc prêts à partir
à l'aube prochaine. Armons-nous des massues et
des épieux les plus meurtriers. Nous marcherons
tout le jour en nous tenant cachés dans cette
zone de forêts dont le village des libres marque
la limite, à la première élévation du plateau. Nous
y arriverons à l'heure de la nuit où leur sommeil, appesanti par la nourriture et la volupté,
nous en livrera plusieurs sans défense. Les
autres, surpris et éperdus, se défendront mal.
Cependant soyons préparés à la résistance déses-
pérée de quelques-uns. Je me charge, moi, du

terrible Sath, car l'implacable esprit m'a parlé
.dans mon sommeil et il m'a dit : « Marche, je te
donne sa vie. »

Des clameurs d'une joie furieuse accueillirent
cette espérance. On se prépara, et, après avoir
pris du repos, on se réunit au bord de la plus
large bouche du fleuve, dont le cours traçait la
route que l'on devait suivre ; mais aux approches
du jour, ces hommes sans noble passion et sans
véritable courage, se sentirent faibles et demandèrent à leur chef le gage de ses promesses de
victoire. Mos n'en avait pas d'autre à invoquer
que l'exaltation soutenue qui faisait de lui un
fanatique plus persévérant et plus dangereux que
les autres. Pressé et menacé de nouveau, et ne
sachant trouver de refuge contre le péril que dans
sa croyance au mal, il rendit un oracle monstrueux.

— Offrez à l'esprit, dit-il, un sacrifice plus précieux que le sang des brutes : donnez-lui du sang
humain. C'est pour répandre celui de vos méchants frères que vous êtes armés, et l'esprit
doute que vous ne reculiez pas devant une puérile
horreur du sang fraternel. Répandez donc ici une
offrande du vôtre pour vous aguerrir contre la
lâcheté de votre nature et pour cimenter votre
alliance avec l'esprit sans pitié.

En parlant ainsi, Mos se frappa lui-même lé-
gèrement de son arme et quelques gouttes de son

sang rougirent sa poitrine. Ce spectacle étonna et apaisa ses compagnons et le préserva des coups qui le menaçaient. Ils hésitaient à suivre son exemple, lorsque le plus jeune de tous, qui s'appelait Ops, entraîné par un enthousiasme étrange, s'avança au milieu d'eux et dit :

— Ces jours sont ceux des choses nouvelles, et Mos nous a appris que ce que l'on voit et ce que l'on touche n'est pas tout ce qui est. Je le crois, car je sens en moi des transports de douleur et de joie qui ne me viennent pas de moi-même, ni d'aucun homme que je connaisse, ni d'aucune chose qui me trouble ou me charme. Je sens qu'il y a un esprit qui parle à quelque chose de moi qui n'est pas mon corps tout seul. Peut-être sommes-nous tous des esprits inférieurs commandés par un esprit plus grand et plus fort que nous.

— Tu l'as dit, s'écria Mos surpris d'une révélation qui ne lui était pas venue, ou qu'il n'eût pas su formuler, nous avons tous un esprit inférieur qui entre et sort de notre corps, selon que l'esprit supérieur l'envoie ou le rappelle.

— Je ne sais rien de ce que tu expliques maintenant, reprit Ops avec candeur, car il me semblait que j'étais à la fois le corps et l'esprit tourmenté ou ranimé par le grand esprit sans nom à toutes les heures de ma vie. Quoi qu'il en soit, cet

esprit n'est pas ce que tu nous as dit. Il est bon
et ne demande pas de sang ; car sa forme est
agréable à voir ; sa figure est celle d'une belle
fille et sa voix est une musique plus douce que
le chant des oiseaux. Moi aussi, je l'ai vu en
rêve, et il m'a dit : « Donne-moi ton amour et
ta volonté : je ne veux pas d'autre sacrifice. »

Et comme les exilés écoutaient et commentaient
avec irrésolution, en eux-mêmes, les paroles du
jeune homme, celui-ci, dont la physionomie était
plus douce et l'œil plus rêveur qu'aucun des
hommes nés depuis Evenor, regarda le premier
sourire du crépuscule qui argentait le cours paresseux du fleuve, et, joignant les mains dans
une sorte de ravissement extatique, il s'écria :

— J'ai bien parlé ! J'ai parlé comme il m'était
commandé, car *le voici* qui se montre à moi, et
si vos yeux ne sont pas obscurcis par le mensonge,
vous pouvez le voir aussi bien que je le vois ; là
sur les eaux, debout sur un cygne brun, plus
grand que tous ceux que produit la terre. Voyez !
voyez s'il n'est pas tel que je vous ai dit ! Sa
figure est celle d'une fille plus belle que toutes
les filles qui naissent parmi nous, et sa voix chante
mieux que le rossignol dans les nuits de printemps !

Ops s'élança vers le rivage ; tous le suivirent,
tous regardèrent, tous virent et entendirent ce

qu'il annonçait : un cygne brun gigantesque, aux
ailes blanches doucement gonflées, portant sur
son dos une femme d'une beauté angélique, vêtue
d'un brillant tissu d'amiante et d'une chlamyde
de peau de panthère tachetée. Sa longue chevelure flottait à la brise matinale avec les ban-
delettes étoilées d'or et d'argent qui en séparaient
les longs anneaux naturellement bouclés ; et sa
douce voix murmurait un chant mystérieux dans
une langue inconnue aux hommes.

Mais, à son tour, celle qu'ils prenaient pour
une divinité et qui, relativement à eux, pouvait
être appelée ainsi, les vit et les entendit. Elle
cessa de chanter l'hymne sacré des dives qui lui
avait été enseigné et dont elle saluait l'heure matinale du départ, comme pour bénir ou consacrer
chaque journée de son aventureux voyage. Effrayée
à l'aspect de ces hommes farouches, hérissés, laids
et souillés comme tous ceux qui vivent loin du
regard des femmes, elle quitta la proue de la
barque et se réfugiant auprès de son époux, assis
au gouvernail et jusque-là caché aux exilés par
le déploiement des voiles :

— Evenor, lui dit-elle, cesse de nous diriger
sur ce rivage ; tu t'es trompé : cette rivière ne
nous a pas donné l'entrée de la terre des hommes ;
car ceux que je viens de voir sont des êtres qui
ne te ressemblent pas.

Evenor se pencha et vit les hommes de sa race. Il douta un instant, et, cessant de ramer :

— Ce ne sont point là les hommes de ma tribu, dit-il; ils sont d'un aspect moins doux et ne paraissent point heureux; pourtant ce sont des hommes, ma chère Leucippe, et notre mission s'étend à tous ceux qui ont le don de la parole.

L'hésitation de ce qu'ils appelaient le cygne brun changea en cris de détresse la muette stupeur des exilés. Persuadés que les esprits sortis du sein de l'onde venaient à leur secours, ils les attendaient avec un mélange de crainte et d'admiration; mais quand ils crurent que le cygne, arrêté sur les flots, allait s'envoler ou plonger sans toucher leur rivage, ils se jetèrent à genoux, étendirent les mains et, suppliants, invoquèrent la protection des génies de l'eau.

— Tu le vois, dit Evenor à Leucippe, ils nous appellent et nous reconnaissent pour des êtres de leur espèce. Ils parlent, par conséquent ils pensent et, par là, ils sont nos frères. Cesse donc de les craindre et permets-moi d'approcher pour les interroger sur mes parents.

— Leurs cris m'épouvantent, dit Leucippe. Leur apparence me répugne. Je ne vois point de femmes parmi eux, à moins que ce ne soit celui-ci qui vient à nous en s'enfonçant dans l'eau jusqu'à la poitrine et dont la figure paraît plus douce que

celle des autres. Approchons-nous, car je vois
qu'il ne sait point nager, non plus que les autres
qui le suivent en tremblant. Laissons-le monter
sur notre cygne (Leucippe elle-même appelait
ainsi la barque, ouvrage d'Evenor) et sachons ce
qu'ils nous crient, sachons ce que nous avons à
craindre ou à espérer de leur rencontre.

Evenor céda au désir de Leucippe. Il tendit
une de ses rames au jeune Ops, qui s'efforçait de
l'atteindre et qui, aidé par lui, monta sur le cygne.
Les autres, encouragés par son exemple, l'eussent
suivi au risque de faire sombrer la légère embar-
cation ; mais Evenor l'éloigna d'eux rapidement,
tandis que Leucippe, se levant de nouveau à la
proue et les repoussant d'un geste plein d'autorité, les remplit d'une terreur superstitieuse. Ils
regagnèrent la rive, regardant et parlant tous
avec agitation. De ce moment, Mos ne fut plus
pour eux qu'un faux prêtre, adorateur d'un faux
Dieu. Le véritable esprit, c'était le cygne ;
l'homme et la femme qu'il portait étaient ses ora-
cles, et Ops, qui l'avait annoncé et que l'on voyait
seul accueilli par lui, était l'élu du ciel et le pro-
phète de la tribu errante.

Ce n'était point par l'effet d'une divination supérieure que ce jeune homme avait révélé l'apparition qui tout à coup venait confirmer sa parole.
La nuit précédente, couché seul sur le sable de

la mer, il eût pu voir, à la clarté des étoiles, le
cygne cingler sur les vagues et s'arrêter à l'embouchure de la rivière. Là, tandis qu'Evenor
amarrait son esquif pour passer la nuit au rivage
avant de s'engager dans les eaux fluviales, Leucippe était descendue à terre et, hasardant quelques pas sur cette rive inconnue, elle avait passé,
sans le voir, auprès d'Ops endormi. Le sommeil
des sauvages est méfiant et léger : Ops avait été
réveillé par les pas de Leucippe. Il avait vu ses
traits éclairés par la lune, et, immobile de surprise et de ravissement, il avait pu la contempler
un instant : mais elle s'était éloignée et comme
évanouie dans l'ombre, et, rejoignant son époux,
elle avait chanté l'hymne du soir d'une voix loin-
taine, douce comme la brise. C'étaient ces paroles
d'amour et de bénédiction qu'Ops avait recueillies
comme un oracle. C'était cette suave figure qu'il
avait entrevue. Il s'était levé pour la chercher,
pour la voir encore et l'entendre de plus près ;
mais le chant ayant cessé, les époux s'étant en-
dormis dans la barque cachée sous les saules,
Ops avait cherché en vain, et, persuadé qu'il
avait été visité en songe par une vision délicieuse,
il était venu au rendez-vous des exilés, décidé à
rendre compte de la révélation qu'il croyait posséder.

Evenor dirigea la barque vers la rive opposée

à celle d'où Ops était venu vers lui, et, contemplant son visage doux et bouleversé d'émotion, il lui demanda son nom et celui de sa tribu.

Croyant parler à un Dieu, Ops, qui, du moment où il était monté sur la barque s'était tenu tremblant, sans oser lever les yeux sur lui, et encore moins sur Leucippe, lui répondit d'un ton suppliant et respectueux :

— Mon nom, tu le sais, esprit des eaux, esprit secourable et bon ! Je suis Ops, le plus jeune des exilés de la tribu errante. Tu dois connaître nos infortunes à tous et les miennes particulièrement, puisque tu daignes m'attirer jusqu'à toi sur le dos du cygne magique. Veuille me pardonner l'état misérable où tu me vois. Je devrais venir à toi les mains pleines d'offrandes; mais je ne possède rien et cette sombre forêt est inclémente pour les hommes. Considère, ô esprit des eaux, que je suis à peine sorti de l'adolescence et que j'ai été entraîné par la crainte, plus que par la méchanceté, à quitter ma famille et la tribu des hommes anciens. Nous avons été ingrats; mais nous ne leur avons point fait de mal. Tout le mal a été pour nous, puisque nous leur avons laissé les régions supérieures du plateau, où la terre produit des fruits et nourrit des animaux doux en grande abondance, pour venir bâtir, à la limite des rochers, une ville

pauvre, sur un sol maigre, où il nous a fallu vivre
de chair et de sang...

— Ainsi, dit Evenor, que le nom du jeune
homme avait fait tressaillir, les hommes du plateau sont restés heureux et tranquilles du côté
des biens de la terre, mais ils ont vu partir tous
leurs enfants mâles, et maintenant ils sont tristes
et délaissés! D'où vient donc, fils cruels, que
vous avez abandonné ainsi vos mères et que vous
vivez sans sœurs et sans épouses au fond des
bois? Et toi qui me parles, n'avais-tu pas une
mère tendre entre toutes les autres, et ne crains-
tu pas que ton absence lui donne la mort?

Ops, croyant que l'esprit irrité interrogeait
sa faute dans son cœur, raconta toute l'histoire
des trois tribus, en accusant sa propre faiblesse,
mais en se défendant avec sincérité d'avoir jamais
pris part aux fureurs de la tribu errante et au
culte de l'esprit du mal.

Quand Evenor connut toutes ces choses, il
interrogea plus particulièrement Ops sur ses parents; puis, s'adressant à Leucippe, dans la
langue des dives, il lui dit :

— Tu as entendu, ô ma chère Leucippe,
comme les hommes sont devenus insensés et
malheureux. Regarde cet adolescent, que je n'ose
encore presser dans mes bras : plains-le et
aime-le comme ton frère, car il est le mien. Il

est le fils de mon père et de ma mère, et je ne puis me fier à lui! Hélas! pourrons-nous ramener à Dieu le cœur de ces exilés qui errent misérables et privés d'amour?... C'est peut-être ainsi que je fusse devenu, même dans le beau jardin d'Éden, si Dieu ne m'eût permis de te rencontrer, ô ma bien-aimée! L'absence de la femme est pour l'homme la mort de l'âme. Mais le malheur a développé chez ceux-ci le besoin d'invoquer la toute-puissance, et, quoiqu'ils l'invoquent précisément sous les attributs qui lui sont contraires, la haine et la vengeance, ils sont peut-être plus faciles à ramener et à éclairer que ceux de la nouvelle tribu sédentaire. Je vois bien que Mos est un esprit troublé et qu'il s'est fait le prêtre de la folie. Mais Sath, qui s'est fait, par la violence envers ses semblables et le mépris des choses célestes, le prêtre de l'indifférence, sera peut-être plus fatal à sa race.

— Je le crois comme toi, dit Leucippe ; mais je redoute les premiers moments que nous allons passer parmi ces hommes égarés. Puisqu'ils croient à un pouvoir supérieur à la force humaine, et que ton frère nous invoque comme des esprits secourables, ne te hâte pas de les détromper et crains que, s'ils me connaissent pour une mortelle semblable à eux, quelqu'un d'entre eux ne veuille m'arracher à toi.

Cette crainte fit frémir Evenor.

— Hélas! dit-il, est-ce ainsi que je devais retrouver les hommes de ma race? Et ces frères que je croyais pouvoir presser dans mes bras avec transport après une si longue absence, sont-ils donc des ennemis et des fléaux que je doive redouter plus que les flots de la mer et les monstres de l'abîme? O Téléïa, si tu avais prévu de tels dangers pour ta fille adorée, l'aurais-tu poussée à les affronter avec moi?

— Conduis-moi dans ta tribu, auprès de tes parents, reprit Leucippe. Là, tu enseigneras aux hommes jeunes qui y sont restés l'art de naviguer sur les eaux. Alors nous repasserons ce fleuve avec eux, et nous viendrons chercher ceux-ci, pour ramener leurs âmes et leurs corps, égarés dans le désespoir et la solitude.

— La prudence conseille ce parti, répondit Evenor, et pourtant le devoir me défend d'abandonner ces hommes qui se disposent à aller égorger leurs frères, si je ne réussis pas à les en détourner. Tiens, Leucippe, allons les trouver; je descendrai sans toi sur leur rivage avec Ops. Toi, tu te tiendras à portée de fuir s'il m'arrive malheur. Tu reprendras la mer, que tu sais maintenant affronter aussi bien que moi-même, et tu iras dire à la dive : « Evenor nous attend maintenant dans un monde meilleur, car il a fait son devoir dans celui-ci. »

— Non, je ne fuirai pas, dit Leucippe. Puisque tu abandonnes ta vie au devoir, j'abandonne la mienne aussi. Donne-moi un de ces dards avec lesquels tu as tué la première biche dans l'Éden. Je ne crains rien des hommes. Je saurais me tuer avant de devenir leur proie.

.

XI

LA FAMILLE.

—

Cependant Evenor et Leucippe jugèrent prudent de remonter dans leur barque jusqu'à un îlot voisin, séparé de la tribu errante par un canal étroit et profond : de là, ils pouvaient converser avec elle et fuir facilement en cas d'hostilité.

Ils abordèrent à cet îlot ombragé par le côté opposé aux regards des exilés, et la barque, cachée dans les roseaux, ne put être examinée de trop près. Ce fut une heureuse inspiration, et l'oiseau magique, que ces hommes crédules n'avaient pas encore compris, conserva son prestige et assura l'autorité du couple divin parmi eux.

Quand les exilés, remontant aussi le rivage, furent en face de l'île, Evenor leur dit d'un ton sévère :

— Lequel de vous est Mos, qui se prétend inspiré de l'esprit et qui vous a révélé l'existence d'un pouvoir appelé le méchant, le cruel et l'implacable?

Mos s'avança, désigné et forcé par les autres à montrer son visage couvert de honte et de dépit.

— C'est moi, dit-il, qui ai vu cet esprit en rêve et qui ai reçu de lui les ordres que j'ai transmis à mes frères. Si tu es ce même esprit, revêtu d'une forme plus douce et porteur de paroles plus belles, je suis prêt à te rendre hommage. Je vois à tes armes brillantes, faites d'une matière inconnue, que tu nous apportes la guerre. Donne-nous donc à tous des armes comme celles-ci, et guide-nous au combat. Vous le voyez, ajouta-t-il en se tournant vers les exilés, vos sacrifices ont été accueillis, et voici qu'un Dieu vient à vous, non plus terrible et hideux comme il m'apparaissait dans sa colère, mais souriant et propice, tel qu'il est devenu depuis que, par nos hommages et l'offrande de mon sang, nous avons su l'apaiser.

— Mos, reprit Evenor, tu es plus rusé, dans

ton délire, que je ne l'aurais imaginé. Mais dé-
trompe-toi et hâte-toi de détromper ces hommes
égarés par toi dans le rêve d'un culte impie. Ce
n'est pas l'offrande du sang qui m'attire et me
décide à venir à vous.

Et il ajouta en leur montrant Ops, qui était à
ses côtés :

— C'est la parole douce de cet enfant, que je
consens à instruire, afin qu'il devienne votre
conseil et votre guide. Quant à toi, Mos, nous
t'instruirons aussi, pourvu que tu le désires sin-
cèrement et que tu reconnaisses ton erreur, car
tu as été la dupe de tes songes, et l'esprit méchant que tu as révélé n'a jamais existé qu'en toi-
même.

L'arrêt d'Evenor fut accepté au delà de ce
qu'il avait souhaité, car les exilés, indignés contre Mos, voulurent le frapper et le chasser d'au
milieu d'eux. Mais Evenor ne voulait pas inaugurer sa révélation par des actes de violence. Il
commanda qu'on le laissât tranquille, et comme
il avait peine à calmer leurs esprits, il leur dit :

— Je vous abandonnerai si vous ne respectez
pas la vie et la liberté de cet homme, car je le
mets sous la protection de la fille du ciel. Écoutez, hommes de douleurs et de ténèbres : cette
femme est un être consacré par la parole divine.
Elle a été élevée et instruite par un esprit supé-

rieur, par une dive, héritière des secrets de la race illustre qui posséda la terre avant nous. J'ai été, comme elle, initié et consacré par la notion divine et par l'hyménée religieux dans le beau jardin de l'Éden, un lieu splendide où la terre est toujours fleurie et l'air toujours pur, mais qui n'est accessible aujourd'hui qu'aux élus du ciel. Respectez donc cette femme comme un gage d'alliance entre le ciel et vous ; écoutez sa parole inspirée et qu'elle-même vous dise pourquoi elle pardonne à ce coupable et vous commande de lui pardonner.

— Qu'elle parle ! s'écrièrent les exilés ; que la femme parle, et nous l'écouterons comme toi-même.

Alors Leucippe, faisant un effort sur sa timidité méfiante, leur dit en désignant Mos, vaincu et atterré :

— Cet homme a subi le mal du désespoir, et s'il vous a trompé, c'est parce qu'il s'est trompé lui-même. Il a cru trouver votre salut dans sa pensée, et maintenant il voit qu'il vous eût conduits à votre perte et à la sienne ; car les libres sont plus forts et mieux défendus que vous ; et à présent qu'ils ont épousé des femmes, c'est par eux seuls que ces femmes doivent être gardées et protégées. Ils n'ont eu, dans le principe, d'autres droits sur elles et sur vous que celui de la force.

Vous avez reconnu que ce droit était inique. Comment pourrait-il devenir légitime entre vos mains plus qu'il ne l'est dans les leurs? Est-ce par la violence que vous réparerez la violence, et par le mal que vous détruirez le mal? Cessez donc d'être jaloux de la possession de ces femmes qui sont devenues impures, si elles ont cédé sans rougir à la brutalité de vos aînés, et qui le seraient encore plus si elles cédaient maintenant à la vôtre. Ce n'est pas dans le sang et dans la fureur que Dieu consent à bénir l'amour : c'est dans l'innocence et dans la liberté des âmes. Songez donc à retourner dans la tribu de vos pères et à leur demander le pardon de votre fuite et la bénédiction de vos mariages. Les vierges pures sont restées auprès d'eux. D'autres ont eu la sagesse et la fierté d'y retourner, aimant mieux vivre sans époux et sans enfants que sans respect et sans amour. Allez donc faire oublier votre folie. Lavez sur vos corps ce sang des animaux dont vous êtes couverts, et que vos mains se dessèchent plutôt que de jamais verser le sang humain. Renversez votre autel impie, et consacrez-le par un nouveau culte avant de l'abandonner, afin que, si vos enfants se répandent de nouveau quelque jour dans ces forêts sauvages, ils puissent dire : « C'est là que nos pères ont été réconciliés avec le ciel. »

La parole d'Evenor avait été accueillie avec soumission, celle de Leucippe le fut avec enthousiasme. Sa beauté exerçait un prestige irrésistible, et malgré l'égarement de ces hommes, elle dominait leurs instincts par la céleste chasteté qui émanait de son regard et de son attitude. Bien qu'Evenor, répugnant au mensonge, leur eût dit qu'elle appartenait à leur race, ils voyaient en elle un esprit si réellement supérieur à eux, qu'ils se sentaient forcés au respect et même à la crainte. Mos lui-même, quoique dépossédé de son influence, était ému, et son exaltation changeait de but et de nature.

— Fille du ciel, dit-il en se prosternant devant Leucippe, nous sommes prêts à t'obéir, car pour que tu nous commandes de repasser ce fleuve qui nous sépare de la tribu des anciens, il faut que tu aies le secret merveilleux de détourner ses eaux ou d'arrêter sa course ; à moins que le cygne divin ne consente à nous porter sur son dos jusqu'à l'autre rive !

— Le cygne obéit aux hommes de bonne foi et de bonne volonté, répondit Evenor ; mais avant que je lui commande de vous prêter son secours, je veux connaître davantage vos bonnes résolutions. Nous ne consentirons pas à conduire à la tribu de vos pères des fils indociles et grossiers, toujours prêts à croire aux prodiges et ne comprenant les lois de l'esprit que par des preuves matérielles. Recueillez-vous donc et priez. Priez celui que vous ne connaissez point de se faire connaître, non pas à vos yeux, qui ne le contempleront jamais que dans ses œuvres, mais à vos cœurs, qui peuvent devenir dignes de le comprendre. Nous descendrons demain parmi vous, et si nous vous retrouvons fidèles à nos enseignements, bientôt nous vous guiderons nous-mêmes vers vos familles délaissées.

Les exilés étaient si consolés et si ravis, qu'ils promirent tout ce qu'Evenor souhaitait. Il exigea d'eux qu'ils iraient sur l'heure renverser leur autel ou le préparer pour un nouveau culte.

— Faites, leur dit-il, ce que votre esprit vous conseillera pour une cérémonie agréable au vrai Dieu ; c'est à vos préparatifs que nous connaîtrons si votre régénération peut être accomplie par nous.

La tribu errante s'éloigna donc du rivage. Evenor et Leucippe allèrent passer le reste du jour sur la rive opposée avec le jeune Ops, qu'ils commencèrent à instruire et qu'ils trouvèrent docile à l'inspiration et porté à l'étude des choses divines. Le lendemain, avant le jour, ils abordèrent du côté de la tribu, et, guidés par Ops, ils virent l'autel barbare où Mos avait institué son culte diabolique. Ils le trouvèrent paré de bran-

ches et de fleurs; les ossements des victimes
avaient disparu, et bientôt on entendit les fan-
fares des exilés, qui s'essayaient sur leurs trompes
à des accents joyeux en s'appelant les uns les
autres. Leucippe dit alors à son époux :

— Il faut à ces hommes des signes extérieurs et
des cérémonies religieuses. La dive Téleïa n'a pas
voulu nous enseigner son culte. Elle nous a dit
de demander à notre cœur les formules d'adoration qui conviennent à notre nature. Prions donc
pour que Dieu nous inspire celles qui nous met-
tront en rapport avec la simplicité de ces hommes
avides de s'éclairer. Vois comme ils ont déjà compris, par l'emploi de ces fleurs, que la grâce et la
beauté de la nature sont les ornements du vêtement de l'éternel créateur !

Evenor et Leucippe montèrent au faîte de l'autel pour l'examiner, mais bientôt ils se virent en-
tourés par les exilés pleins de ferveur, qui leur
demandaient, en tendant les mains vers eux,
d'offrir pour eux le sacrifice au Dieu inconnu
dont ils devaient révéler le mystère.

Mos vint le dernier. Après quelques hésitations,
il avait résolu, autant par conviction que par un
secret besoin de conserver son initiative, de pro-
fiter ardemment de la lumière nouvelle. Il s'a-
dressa donc à Leucippe et lui dit :

— Fille du ciel, tu ordonnes sans doute que je

monte avec toi sur l'autel pour t'aider à le consacrer. Voici que je t'apporte les offrandes :
deux colombes, symbole de douceur, et dont le
sang pur ne peut qu'être agréable à la divinité
que tu sers.

Evenor, se baissant, prit les colombes et les
présenta en souriant à Leucippe, qui les tint dans
ses blanches mains contre sa poitrine.

— Mos, dit-elle, je vois que tu t'es efforcé de
méditer nos paroles ; mais tu ne les as pas encore
comprises, et tu n'es pas encore assez purifié toi-
même pour venir avec nous purifier l'autel. Tu
persistes à croire que notre Dieu veut du sang et
qu'il se plaît aux convulsions de l'agonie de ses
créatures. Sache le contraire : la moindre de ces
créatures lui est précieuse, et c'est un crime de
l'immoler sans nécessité. Mais je ne méprise
point ton offrande, et voici comment il faut la
rendre agréable à Dieu.

En parlant ainsi, Leucippe éleva ses mains
vers le ciel, et, en les ouvrant, elle laissa envoler
les deux colombes.

— Comprenez le sens de cette action, dit
Evenor aux exilés muets d'étonnement. Les animaux de la terre vous ont été donnés pour vos
besoins, et non pour des jeux cruels et des symboles meurtriers. Si vous croyez que le ciel
exige de vous des sacrifices, vous avez raison. Il

veut celui de vos instincts farouches, de votre orgueil et de vos ressentiments. Ce que vous représentez dans vos fêtes religieuses doit n'être que l'expression figurée de votre soumission et des instincts généreux qu'il réclame de vous. Offrez-lui donc, non la mort et l'oppression d'aucun être, mais la liberté et la vie, qui sont l'expression passagère de son action incessante dans l'univers.

Evenor et Leucippe, se voyant écoutés avec émotion, commencèrent alors, tour à tour, à instruire leurs frères. Ils leur révélèrent ce qu'ils savaient de la nature de Dieu, de son unité et de sa loi d'amour et de bonté étendue à tous les mondes de l'infini et à toutes les créatures, selon la mesure de leurs besoins relatifs ; aux substances animées, les conditions de la vie physique ; aux substances intelligentes, les conditions de la vie morale ; aux plantes et aux animaux, l'air, le soleil et la terre nourricière pour s'alimenter et se reproduire ; aux hommes, tous ces biens sentis et appréciés par une notion supérieure, pour s'alimenter et se reproduire dans le sens matériel et divin.

Ils leur révélèrent aussi, à mesure qu'ils se virent de mieux en mieux compris, la vie éternelle des âmes, les expiations et les récompenses dans le présent et dans l'avenir. L'amour des sexes, basé sur le dévouement et incompatible avec l'oppression d'un sexe par l'autre; l'amour fraternel, basé sur le respect du bonheur d'autrui et du dévouement à toute la race, considérée comme famille mère de toutes les familles particulières; enfin tout ce que la dive leur avait enseigné, et qu'ils surent mettre à la portée de ces enfants adultes, par de poétiques symboles et d'ingénieux apologues.

Après ces communications solennelles, les deux époux virent qu'ils n'avaient plus rien à craindre de ces hommes, et Evenor, voulant se faire connaître à eux, leur dit son nom. Alors le jeune Ops, se jetant dans ses bras :

— O mon frère, s'écria-t-il, ne te souviens-tu donc pas de moi? de moi qui, malgré mon jeune âge, avais gardé la mémoire de tes traits et m'imaginais te reconnaître sous ceux de quelque divinité bienfaisante? Hélas! j'ose à peine te regarder; car, après les larmes que ta fuite a causées à notre mère, je suis cent fois plus coupable qu'un autre de l'avoir quittée aussi.

— Sois pardonné, ô mon frère, répondit Evenor en le serrant dans ses bras, puisque nous allons porter à ceux qui nous ont donné le jour la consolation et la joie. J'ai le droit de te promettre ce pardon de leur part, car ce n'est pas ma volonté qui m'a éloigné d'eux si longtemps.

C'est alors qu'Evenor raconta son histoire et

donna une nouvelle autorité à son enseignement
en révélant l'histoire des dives. Il passa ensuite
quelque temps avec Leucippe parmi les exilés.
Car, malgré l'impatience qu'il éprouvait de revoir
ses parents, il n'osait transporter ces fils coupables sur l'autre rive avant de les avoir ramenés
à la vie d'innocence avec ces notions de morale
et de religion sans lesquelles l'innocence ne pouvait plus suffire à la famille humaine. Les exilés
acceptaient sa parole avec ardeur. La beauté
idéale du couple divin, sa douceur dans la supériorité et sa sagesse dans l'enthousiasme, eussent
suffi à dominer ces âmes neuves, quand même la
science venue des dives n'eût pas revêtu un caractère merveilleux et un attrait invincible pour
l'imagination.

Enfin le moment vint où la barque put transporter, par petits groupes, les exilés à l'autre
bord, Evenor leur ayant fait examiner et comprendre cette invention de l'industrie humaine,
l'amarra fortement dans un endroit convenable;
puis on quitta le fleuve et on commença bientôt
à remonter les versants du plateau, en évitant de
s'approcher du village des libres, dont on crai-
gnait les insultes. Evenor, s'étant fait indiquer
la position de cet établissement, dirigea sa troupe
par le raisonnement et par l'orientation, et, en
peu de jours, il revit les cabanes de sa tribu.

Le départ des hommes nouveaux avait changé l'existence des hommes anciens. Plus de la moitié des familles s'étant trouvées tout à coup privées de leurs membres les plus actifs et les plus énergiques, l'ancienne tendance à l'apathie avait repris son empire. A la douleur des mères avait succédé un redoublement d'amour pour les jeunes enfants; mais, en même temps, une vive crainte de les voir bientôt s'affranchir du joug de l'habitude, pour se créer une existence à part, avait instinctivement contribué à entraver leur développement naturel. Les jeunes vierges qui avaient fui et qui étaient revenues étaient punies et de leur départ et de leur retour. On les avait accueillies avec joie, mais on ne savait pas leur tenir assez de compte d'une faute rachetée par le repentir et fièrement expiée par le célibat, car les jeunes hommes restés dans la tribu leur avaient préféré celles de leurs compagnes qui ne l'avaient pas quittée; et leur existence était mélancolique, leur attitude chagrine et hautaine. Les jeunes parents se sentaient entraînés vers la nonchalance, lassitude de l'âme qui s'empare d'autant plus aisément de l'homme qu'il a moins réfléchi et moins souffert : l'inexpérience a peu de force pour combattre. Les vieillards s'étaient sentis sollicités par l'égoïsme, du moment où une notable portion de leur famille, et par conséquent de leur âme, s'était séparée d'eux. Les nouveaux époux, comparant leur sort avec celui des filles vierges privées d'avenir, et des absents privés de femmes, se disaient naïvement : « Nous avons bien fait de rester ici et de ne nous laisser aller à aucune nouveauté. Les autres sont à plaindre ! » Et, en disant cela, ils ne songeaient pas à les plaindre réellement. Enfin, dans la tribu mère la virtualité humaine rétrogradait par suite du trop rapide essor qu'elle avait voulu prendre dans les tribus nouvelles.

Une seule femme avait gardé l'énergie de son cœur : c'était Aïs, la mère d'Evenor. La première, parmi celles de sa race, elle avait souffert et elle avait agi. Pendant des années, elle avait pleuré et cherché son enfant. La fuite de son second fils avait ravivé ses douleurs et elle avait essayé aussi de retrouver celui-là. Elle avait couru après lui, elle avait essayé de franchir le fleuve, elle avait failli y périr. Elle y était retournée déjà deux fois, et elle s'était promis d'y retourner jusqu'à ce qu'elle pût le traverser.

Quand la caravane des exilés parut dans la plaine, aux rouges clartés du soir, il y eut un cri de surprise dans la tribu. Ce fut une des filles vierges qui l'aperçut la première et qui s'écria :

— Voici ceux qui ont voulu nous commander et qui, las de vivre sans nous, reviennent maintenant nous parler avec douceur. Mais, si vous m'en croyez, nous n'irons point avec eux une autre fois, et nous les obligerons de demeurer ici avec nous.

Quelques-unes se réjouirent, d'autres s'effrayèrent.

— Peut-être, disaient-elles, le méchant Sath est-il à leur tête, et ferions-nous bien de nous cacher, pour qu'on ne nous emmène pas malgré nous.

Mais il y en eut qui, ne pouvant tenir à leur curiosité ou à l'impatience d'assurer leur union retardée, coururent ingénument, quoique tremblantes, à la rencontre des arrivants.

Cependant une femme les devança, une femme encore belle et agile, quoique ses cheveux eussent prématurément blanchi et qu'elle eût affronté de grandes fatigues. C'était Aïs, qui n'avait jamais passé un jour sans promener, par une douloureuse habitude mêlée d'espoir, ses regards inquiets sur la plaine, avant de rentrer dans sa cabane. Dès qu'elle avait vu paraître la tribu voyageuse, elle s'était élancée, et la voilà qui courait au-devant d'Evenor, comme si elle eût été assurée de son approche.

Comme un berger qui ramène son troupeau vers le bercail, Evenor marchait le premier, prêtant l'appui de son épaule et de son bras à sa chère Leucippe, un peu fatiguée et penchée sur lui.

Dès qu'il vit accourir sa mère, il la reconnut, non pas à ses traits, qui avaient changé et qu'il se rappelait faiblement, mais à l'émotion qu'elle laissait paraître et à celle qu'il éprouvait lui-même; et avant qu'Ops, qui marchait à ses côtés, lui eût dit : « C'est elle! » il s'était écrié en entraînant Leucippe à sa rencontre :

— La voilà !

Aïs cherchait des yeux son jeune fils, et dès qu'elle le vit, elle ne vit plus que lui. Elle croyait qu'Evenor n'était plus et elle ne pouvait pas compter sur une double joie; mais, dès qu'elle tint Ops serré contre sa poitrine, elle leva les yeux sur le beau couple qui réclamait ses caresses, et, saisie d'admiration et de respect, elle dit :

— Voici deux envoyés du ciel qui me ramènent mon fils; qu'ils soient bénis !

Aïs avait trouvé en elle-même la notion de Dieu, sans autre révélation que celle de la douleur.

— O ma mère, dit Evenor, tu as deviné le ciel, et voilà qu'il nous réunit parce que tu n'as pas douté!

Aïs tomba sur ses genoux, et, dans une sorte de délire, elle embrassa la terre, disant :

— O heureux ceux qui naissent et ceux qui meurent ici-bas, puisque des enfants leur sont donnés !

Puis elle contempla Evenor avec ivresse et Leucippe avec adoration ; et elle ne pouvait ni leur parler ni les écouter. Elle questionnait Ops sur leur compte, comme si elle les eût pris pour les images d'un rêve, et elle n'entendait aucune réponse. Elle parlait au hasard et disait des mots qu'elle n'entendait pas elle-même. Puis, tout à coup, elle les quitta pour aller chercher son mari et ses filles, qui approchaient plus lentement, et, voulant leur dire quelle joie leur arrivait, elle ne put que pleurer.

Pendant qu'Evenor savourait les caresses et les transports de sa famille, les exilés n'étaient pas accueillis par les leurs avec une joie sans mélange. Leur maigreur et leur pâleur, que l'on ne s'expliquait point, car, dans cette heureuse région, nul n'avait jamais souffert de la faim et de la fatigue, inspiraient une sorte de crainte, et leurs mères elles-mêmes hésitaient à les reconnaître. Les vieillards s'inquiétaient davantage de leur aspect et se disaient tout bas entre eux : « Voici du trouble et des agitations qui nous avaient quittés et qui nous reviennent, quand on commençait à oublier le mal et la peine. »

Evenor vit bien que ces enfants prodigues ne

savaient pas expliquer leur repentir, et qu'il fallait les aider à reconquérir l'amour de leurs parents. Il parla en leur nom; il raconta, non pas tous leurs égarements, mais toutes leurs douleurs; et Leucippe, parlant à son tour, acheva d'attendrir les cœurs et de ramener la confiance.

Dans sa propre tribu, malgré sa longue absence et les lumières qu'il y avait puisées, Evenor n'inspira cependant pas l'enthousiasme qui l'avait accueilli chez les exilés. Les imaginations étaient plus froides et l'abondance des biens de la vie ne prédispose pas aux affections exaltées. Excepté dans le cœur de son père et de sa mère, il ne rencontra chez personne une docilité aussi soudaine que celle qui s'était offerte à ses enseignements dans la forêt des sacrifices.

Sans Leucippe, il est à croire qu'il n'eût acquis aucune influence chez les anciens, enclins comme tous les hommes sédentaires et satisfaits, à nier ce qu'ils n'avaient pas éprouvé. Mais Leucippe, d'origine inconnue, Leucippe, plus dive que femme par sa beauté particulière, par le don du chant et par le don du langage élevé et attendri, par son ignorance même des réalités de la vie pratique telle que les hommes l'entendaient, Leucippe, enfin, traitée par Evenor avec une adoration respectueuse dont les hommes n'avaient aucune idée dans leurs faciles rapports avec leurs compagnes, revêtit subitement à leurs yeux un caractère exceptionnel; et quand, pour la première fois, Evenor leur parla des choses divines, ils voulurent adorer Leucippe comme une divinité.

— Ne nous trompe pas, disaient-ils : ta Leucippe n'est point de la même nature que nous. Elle connaît les secrets du ciel et elle n'est pas née comme toi d'un homme et d'une femme, mais de cette écume des eaux où tu dis qu'une géante l'a trouvée.

Il fallut bien des jours avant que la révélation de Téléïa fût acceptée et comprise d'une partie de la tribu sédentaire. Cette notion se répandit plus facilement dans la jeunesse que chez les esprits refroidis par l'âge. Elle était d'ailleurs présentée avec trop d'élévation et de candeur pour s'emparer d'une situation tranquille et d'une ignorance paresseuse. Si Leucippe eût voulu exploiter le prestige qu'elle exerçait; si elle eût consenti à personnifier la puissance suprême et à s'attribuer le don des miracles, elle eût pu en faire; mais sa modestie repoussait toute imposture, et, quand on vit qu'elle ne procédait que par la vérité, on retomba dans l'indifférence.

XII

LE PARADIS RETROUVÉ.

————

Evenor voulut en vain initier sa tribu aux découvertes des dives dans l'industrie, dans l'extraction et la mise en œuvre des métaux et dans l'emploi du bois, façonné par le fer, aux divers usages de l'activité humaine. Ses proches parents et ses amis de la forêt maritime étaient les seuls qui cherchassent auprès de lui l'instruction morale et les arts de la pratique. Il eût fallu l'accord de toutes les volontés pour tenter des choses utiles, et ceux de la tribu sédentaire repoussaient

généralement tout progrès et toute fatigue. Leucippe enseignait aux femmes et aux sœurs des
exilés à broyer, à filer et à tisser les écorces et
les tiges filamenteuses. Les autres femmes eussent voulu qu'au lieu de leur donner l'exemple
du travail, elle trouvât une recette magique pour
leur procurer des ornements semblables à ceux
que la dive lui avait donnés et qu'elles s'obsti-
naient à croire tombés du ciel. Il ne fallut parler
à aucun homme ni à aucune femme de la cité
primitive, d'apprendre à tracer et à lire les ca-
ractères écrits. On demandait que les préceptes
fussent des amulettes, et le moindre caillou,
doué d'une fausse vertu magique, leur eût été
plus précieux que les formules de la vertu pra-
ticable.

De son côté, Mos, ne sachant pas renoncer aux
amers triomphes de la vanité, bien qu'il eût reçu
d'Evenor la notion divine et que son intelligence
l'eût admise dans une certaine mesure, s'efforça
adroitement de ressaisir l'autorité. Il échoua auprès des exilés et de leurs femmes, car ils s'étaient
mariés, et, sous l'inspiration d'Evenor et de Leucippe, ils commençaient à comprendre et à sentir
les douceurs de l'amour vrai. Ils avaient changé
leur nom d'exilés en celui de *réconciliés.*

Mos, ne pouvant rien sur eux, s'adressa aux
anciens, et, en même temps qu'il leur parlait des

puissances occultes, il flattait l'instinct super-
stitieux en expliquant les rêves et en inventant des
pratiqueś secrètes d'invocation, consistant en actes
extérieurs, et non en efforts de la conscience et de
la volonté. Ce culte convenait mieux à leur pa-
resse princière que le travail de la pensée, et il
eut de nombreux adhérents. Mos, redevenu plus
heureux, avait abjuré les rites sanguinaires. La
religion douce apportée par les élèves de la dive
lui ouvrait une nouvelle source d'enthousiasme,
car il était de nature mystique, et, ainsi qu'il arrive souvent chez les hommes de cette trempe, il
savait allier une foi sincère à un grand orgueil et
à de certaines hypocrisies.

Evenor vit donc que l'influence de la pure vérité ne pouvait s'étendre sur tous les hommes à la
fois, et qu'il fallait aux uns des idées, aux autres
des figures, à d'autres enfin des faits. Il se sou-
mit d'abord avec douceur à la résistance des divers instincts, estimant sa tâche assez grande s'il
pouvait faire quelques disciples parmi ses semblables. Mais, peu à peu, la guerre jalouse que
Mos, tout en exploitant et en altérant les précieuses
notions qu'il avait reçues de lui, faisait sourde-
ment à son apostolat, attrista son âme, et il se re-
trouva vis-à-vis de lui-même comme au temps de
son enfance, où il avait souffert dans son orgueil
et dans le sentiment de sa supériorité. Il était

homme, et rien n'est plus difficile à l'homme que de distinguer l'amour ardent du prosélytisme de l'estime ardente de soi-même.

Il avoua son affliction à Leucippe, et, un jour qu'ils en parlaient ensemble, lui se livrant à quelque amertume de cœur, elle le plaignant avec la complaisance un peu aveugle de l'amour, leurs pas se dirigèrent assez loin des cabanes, vers un endroit où Evenor s'arrêta tout à coup, frappé d'un vif souvenir, et s'écria :

— O ma chère Leucippe, c'est ici, qu'il y a déjà bien des années, je vins pleurer seul la résistance de mes jeunes compagnons à mon initiative. J'avais voulu, ma mémoire ressaisit à présent ce détail, établir l'égalité de droits dans nos jeux, et faire que les plus robustes n'eussent pas plus d'avantage que les plus faibles dans le partage des amusements. Je ne fus point écouté ; je restai seul, triste et irrité. Je m'absorbai dans ma souffrance intérieure ; je laissai passer les heures, puis je voulus revenir et je m'égarai. Je n'ai jamais su comment j'étais entré dans l'Éden, ni le temps qu'il m'avait fallu pour en approcher, car une fièvre et une ivresse s'étaient emparées de moi. Mais, Téleïa nous l'a dit, du côté des montagnes, l'Éden est bien près des établissements des premiers hommes, tandis que, par la mer, il nous a fallu plusieurs journées pour atteindre l'embouchure du fleuve, seul endroit accessible de la côte. Il me semble que, si nous faisions quelques pas de plus, nous apercevrions les dernières élévations du plateau et les sommets bénis de nos montágnes d'Éden.

— Oh! si je le croyais, dit Leucippe, cette vue calmerait mon âme blessée de ta blessure, et la pensée que je suis plus près de ma mère chérie m'aiderait peut-être à supporter la longueur de notre séparation.

Ils marchèrent tout le reste du jour; ils dormirent sous les ombrages, et, le lendemain, ils reconnurent les cimes sublimes des montagnes d'Éden, dont ils suivaient la base abrupte et impénétrable avec une émotion ardente et presque désolée.

— Ah! que ces oiseaux sont heureux! disait Leucippe en regardant les aigles tournoyer comme des points noirs à peine saisissables au-dessus des crêtes blanchies par l'aube. D'où ils sont, ils voient notre jardin des délices, notre belle et chère demeure, et peut-être notre divine Téleïa cultivant nos fleurs et faisant manger dans sa main nos biches favorites.

Le bruit d'un torrent attirait leurs pas. Evenor, devançant sa compagne, reconnut l'ancienne brèche fermée par le tremblement de terre. De ce côté, elle était facile à escalader. Il pria Leucippe de l'attendre, et bientôt elle entendit un cri de surprise et de joie. Evenor, caché dans les rochers, reparut et lui dit des paroles que l'éloignement ne lui permit pas de saisir. Impatiente, elle gravit hardiment jusqu'à lui et le vit occupé à entailler la montagne avec sa hache. La roche, tendre et friable en cet endroit, avait cédé à l'effort des eaux et s'était trouée. Evenor élargissait l'ouverture avec ardeur, se disant que, si le bloc était partout de même nature, quelques heures de travail lui suffiraient peut-être pour s'y creuser un passage.

Tandis qu'il s'y passionnait, Leucippe alla lui chercher des fruits pour étancher sa soif, et comme elle suivait avec précaution la corniche du rocher pour approcher d'une touffe de fraisiers, elle vit une ouverture plus large et antérieure au travail des eaux, d'où la terre et les graviers s'étaient détachés récemment. Elle y entra et, en peu d'instants, elle aperçut l'Éden. Alors elle revint, essoufflée et triomphante vers son époux.

— Laisse là ce travail, lui dit-elle. Une porte s'est ouverte d'elle-même depuis notre départ. Bénissons le ciel qui nous a permis de la trouver!

Plusieurs saisons s'étaient écoulées déjà depuis que les époux avaient quitté leur solitude, et il leur semblait que c'étaient des années, car le temps se mesure aux émotions plus qu'à la durée. Traverser l'Éden fut pour eux comme un rêve. Leucippe volait plutôt qu'elle ne marchait, et elle ne s'arrêta pas un instant pour regarder sa cabane. Elle cherchait sa dive bien-aimée, et quand elle arriva au Ténare, inquiète, haletante, elle se sentit faiblir comme au pressentiment d'un grand malheur. Evenor la soutint pour entrer dans la grotte : la grotte était déserte. Le lit de peau d'ours était dérangé et traînant ; la louve apprivoisée par Téleïa s'en était emparée et y nourrissait ses petits. Elle gronda d'abord, puis, reconnaissant Leucippe, elle vint ramper à ses pieds.

— Oh ! ma mère n'est plus, s'écria Leucippe, et je n'ai pas recueilli son dernier souffle ! Malheur à moi ! malheur à notre exil sur la terre des hommes !

Elle se traîna jusqu'aux rochers de la solfatare et y pénétra, oubliant la défense que Téleïa lui avait faite autrefois d'en approcher, et ne songeant plus qu'à retrouver les restes de cette mère chérie. Des vapeurs suffocantes sortaient de l'abîme, et Evenor arrêta sa femme avec effroi en la voyant pâlir et perdre la respiration.

— J'irai, lui dit-il ; au nom du ciel, reste ici !

En ce moment des hurlements plaintifs se firent entendre et les chiens de la dive, sortant du gouffre, vinrent, comme avait fait la louve, caresser tristement Leucippe.

— Viens, dit Leucippe à son époux ; puisque

ces animaux fidèles ont pu braver l'air embrasé de ces cavernes, nous le pouvons, nous qui avons la volonté, et s'ils sont là, c'est que, morte ou vivante, celle qu'ils aiment y est aussi.

Ils pénétrèrent dans les cavernes et y trouvèrent la dive étendue sur une cendre blanchâtre, éclairée par les livides reflets d'un jour bleu, dont le foyer ne semblait être nulle part. En approchant davantage, ils virent que ce pâle rayonnement émanait d'elle, et ils contemplèrent son visage immobile et ses yeux éteints. Leucippe la crut morte, et, sans éprouver ni terreur ni dégoût, elle s'agenouilla pour baiser son front glacé et poli comme celui d'une statue de marbre, tandis qu'Evenor interrogeait la roideur de ses mains, qui semblaient s'être pétrifiées.

La dive respirait encore. Elle ne fut pas ranimée par le baiser de Leucippe, mais elle le sentit dans son cœur, car tout son corps était paralysé par l'action d'une mort qui se présentait avec des phénomènes particuliers, étrangers à la race humaine. Sans faire un mouvement et sans essayer seulement un regard, elle parla. Elle parla d'une voix qui n'avait plus de timbre et qui ressemblait au clapotement des eaux souterraines :

— Que Dieu est bon ! dit-elle. Il permet que mes enfants bien-aimés viennent me bénir à ma

dernière heure! Leucippe, je ne te vois plus;
Evenor, je ne puis plus t'entendre; ne me parlez
pas, ne touchez pas à mon corps, il n'est plus; il
est tout enseveli, car il est bien où il est. Mon
âme seule vous parle, écoutez-la! Dans un instant, elle sera dans un plus bel astre. Elle n'est
encore ici que parce qu'elle vous attendait. Elle
sait ce que vous avez fait depuis notre séparation; car, grâce au divin prodige de la mort, elle
voit, pour un instant, dans le temps et dans l'espace. Votre mission n'est pas finie. Elle va se
décider. Retournez d'où vous venez, vous y êtes
nécessaires et vous devez y rester tant qu'il vous
sera possible. Mais ne vous affligez pas : bientôt
vous serez dans l'Éden avec une tribu docile et
choisie que vous ne devez jamais abandonner. Oui
c'est là, dans l'Éden, que Dieu récompensera votre
soumission en bénissant votre hyménée; c'est là
que des enfants naîtront de vous. A présent,
adieu! Croyez! je vois... Espérez! je saisis!...
Aimez-vous, Dieu nous aime... Je vous bénis...
O liberté! le lien se brise... la vie m'appelle, la
mort me quitte... J'entends des voix lointaines...
Mes enfants... Ah! les âmes sont bien heureuses
quand elles quittent cette prison du corps! A présent, sortez et ne revenez plus, car un grand
mystère va s'accomplir. Allez!...

Elle cessa de se faire entendre. Evenor et Leu-

cippe étaient frappés de stupeur, car elle avait
parlé sans que ses lèvres fissent aucun mouvement, et même sa voix ne semblait pas sortir
d'elle, mais planer au-dessus d'elle. Le rayonnement qui l'enveloppait pâlit et se dissipa. La caverne rentra dans les ténèbres. Les chiens, qui
se tenaient à l'entrée, s'enfuirent en hurlant.
Evenor emporta Leucippe, qui, dans cet air lourd
et brûlant de la bouche volcanique, avait perdu
connaissance. Il la porta jusque dans l'Éden, et
c'est là seulement qu'elle put pleurer sur le sein
de son époux la dive qui l'avait tant aimée.

Elle voulait retourner auprès de son cadavre,
mais Evenor lui rappela qu'en d'autres temps,
Téleïa leur avait ordonné, dans le cas où elle
serait surprise par la mort, de la porter dans la
caverne du Ténare, où elle voulait être abandonnée
à l'action dissolvante de cette étuve naturelle où
s'était consumée la poussière de ses parents, de
son époux et de ses deux enfants.

Evenor, à genoux près de sa chère Leucippe,
dans la cabane de l'Éden, lui rendit le courage
par l'effusion de sa tendresse sans bornes. Il lui
demanda pardon du mouvement de faiblesse et
d'égoïsme qu'il avait eu la veille et qu'il sentait
maintenant indigne d'elle, indigne de la sagesse
enseignée par Téleïa, et indigne de lui-même.

— Partons, lui dit-il, retournons vers nos

frères, et, que la dive ait prophétisé ou rêvé le sort qui nous est promis, accomplissons jusqu'au bout avec patience la tâche qui nous est confiée. S'il m'arrive encore, homme faible et vain que je suis, de prendre la souffrance de mon orgueil pour la sainteté de ma mission, rappelle-moi, Leucippe, que j'ai été appelé du nom de fils par la plus céleste des dives, que j'ai reçu d'elle la lumière de l'amour et obtenu de toi l'amour de la plus céleste des femmes. Si, en songeant à tant de gloire et de bonheur, je manque de patience avec les hommes de ma race, menace-moi de la sévérité du ciel, car j'aurai mérité d'expier ma folie et mon ingratitude. Mais non ! ceci n'arrivera point, car je sens que je dois maintenant m'élever au-dessus de moi-même. Ma confiance dans la suprême sagesse de Téléïa me rendait peut-être paresseux à me combattre. Si je tarde à montrer de la force et de la vertu, me disais-je, elle en aura pour moi et réparera dans le cœur de ma bien-aimée Leucippe le tort que je m'y serai fait par ma faiblesse. A présent, Leucippe, si j'ébranlais ta foi par mes doutes et ton courage par mes abattements, qui donc te consolerait dans cette détresse que partagerait ton amour? Quelle main essuierait les pleurs que tu verserais en secret, en essuyant mes pleurs indiscrets et lâches? Il te faudrait donc à ton tour, comme

Téleïa, avoir de la force pour deux ; et moi, je te laisserais porter un double fardeau ? Non, non, je veux et je dois être désormais plus que ton frère et plus que ton époux ; je veux être le père et la mère que les flots t'ont ravis ; et si je ne puis te donner les trésors de science divine que possédait la dive adorée, je veux du moins te rendre sa tendresse délicate et son dévouement maternel.

— O le bien-aimé de mon âme, dit Leucippe, pardonne-moi, à ton tour, le déchirement de mon cœur. Tu le vois, c'est moi qui suis faible, puisque j'ai tant de larmes pour ma dive, quand je ne devrais songer qu'à consoler ta propre douleur, aussi grande, aussi profonde que la mienne. Est-ce donc ainsi qu'elle m'avait appris à l'aimer, elle qui me disait sans cesse : «Nos propres douleurs ne sont rien en comparaison du mal qu'elles font à ceux qui nous chérissent. » Tuons donc en silence nos propres peines, et soyons-en consolés par la joie de les leur avoir épargnées ! A ton tour, Evenor, il faudra me rappeler l'exquise tendresse de la dive, quand je penserai trop à elle sans m'occuper des regrets que je réveillerai dans ton cœur. Ne m'a-t-elle pas dit en te donnant à moi : « Voici ton père et ta mère dans ton frère et dans ton époux ? »

Evenor et Leucippe quittèrent l'Éden suivis
des chiens de Téléïa, qui ne voulaient plus les
quitter, et ils furent, dès le lendemain, de retour
à la tribu.

Une grande agitation y régnait. Sath et une
partie considérable des hommes forts de sa tribu
y étaient revenus, non dans le désir de se récon-
cilier avec les anciens ni avec les exilés, mais
avec la tentation de les déposséder de cette région, la plus fertile et la plus saine du plateau, à
moins qu'ils ne voulussent subir tous les caprices
de leur despotisme. Ces hommes, qui s'intitu-
laient *les libres*, ne comprenaient la liberté que
pour eux-mêmes. Celle des autres ne leur était
rien, et l'esprit de caste s'était emparé d'eux à ce
point, qu'ils avaient cherché les exilés dans les
forêts maritimes avec le projet de les employer
à leur service, de les faire chasser pour eux, de
les nourrir et de les loger à leur guise, en un
mot, de les réduire en esclavage. Tel était le résultat de l'énergie sans cœur et de l'activité sans
lumière de leur chef, le redoutable Sath.

Une raison plus personnelle encore avait dé-
terminé celui-ci à venir poursuivre les exilés jusque dans la tribu des anciens. Il avait perdu sa
femme, elle était morte par suite de ses mauvais
traitements. Il n'avait osé exiger d'aucun de ses
hardis compagnons le sacrifice de son amour, et

il comptait trouver dans la tribu une vierge encore libre, ou une épouse mal défendue.

La plupart des réconciliés, enseignés et inspirés
par Evenor et Leucippe, s'étaient comportés avec
tant de sagesse depuis leur retour, que les anciens crurent pouvoir accueillir les libres avec
confiance ; mais, depuis deux jours qu'ils étaient
là, déjà les libres parlaient en maîtres, déjà Sath
exigeait qu'on lui livrât la jeune Lith, la seule
fille de la tribu qui attendît encore le jour de son
union. Elle était naturellement fiancée à Ops, qui
était le dernier des jeunes gens à marier, les con-
venances de l'âge ne comportant pas de meilleur
choix réciproque, et les deux adolescents s'étant
promis l'un à l'autre. Lith éprouvait en outre
pour Sath une vive répugnance, et ses parents,
effrayés, alléguèrent qu'elle n'était pas encore
nubile. Mais Sath ne tenait point de compte de
leur refus et se préparait à enlever la jeune fille,
lorsque Evenor, à peine rentré chez sa mère, fut
adjuré par cette famille alarmée et par celle
d'Ops, qui était la sienne propre, de leur venir
en aide.

Evenor se rendit auprès de Sath, suivi de
Leucippe, qui ne voyait pas sans terreur cette
conférence, mais qui se tint dehors, pendant que
son époux entrait dans la cabane où, installé chez
ses propres parents comme en pays conquis, le

superbe chef des libres, presque nu, ceint d'un
court sayon de peau de sanglier, beau d'une
beauté rude et sauvage, toujours jouant avec sa
massue comme prêt à frapper quiconque lui ré-
sisterait, se raillait des remontrances de son
père et commandait à sa propre mère comme à
une servante.

Evenor lui parla avec adresse et douceur, in-
voquant leur parenté, leurs souvenirs d'enfance,
et s'efforçant de lui faire comprendre le respect
dû à la liberté d'autrui. Sath répondit avec mépris, puis avec menace, et comme il élevait sa
voix rauque et tonnante, Leucippe alarmée entra
avec Ops et s'approcha vivement de son mari.

A la vue de cette créature, alors sans égale
sur la terre, le farouche Sath se sentit un moment vaincu et intimidé. Il parut même adouci
et promit de réfléchir.

Mais, à peine les époux se furent-ils retirés,
que Sath alla trouver ses compagnons :

— J'ai vu la femme d'Evenor, leur dit-il ;
elle ne ressemble à aucune autre, et je la veux.

Tous lui promirent qu'il l'aurait. Contents de
le voir épris de cette femme, ils pensaient, en
l'aidant à s'en emparer, préserver les leurs à
jamais de ses tentatives ; mais, le lendemain,
quand ils eurent vu Leucippe, leurs propres compagnes ne leur inspirèrent plus que dédain, et

plusieurs résolurent de l'enlever pour leur compte.

Leucippe fut épouvantée des regards audacieux et ardents qui se fixaient sur elle.

— Que crains-tu? lui dit Evenor, ne suis-je pas là pour te défendre?

— Que pourras-tu seul contre eux tous? répondit Leucippe. La tribu voudra-t-elle s'engager dans une querelle sanglante pour une cause particulière? Ce brutal Sath te hait, ses compagnons sont plus forts et plus nombreux que les nôtres, et d'ailleurs attendrons-nous qu'un combat s'engage? Ne vois-tu pas que ces hommes ne sont accessibles à aucune sagesse, à aucune raison? Fuyons, mon cher Evenor, réfugions-nous dans l'Éden. Il nous sera facile de nous y fortifier contre leurs attaques, si jamais ils découvrent l'entrée mystérieuse que la Providence nous a fait trouver.

Evenor, retenu par un reste d'orgueil, et aussi par un sentiment de juste fierté et de vrai courage, répugnait à la fuite. Il ne pouvait se persuader que Sath voulût en venir aux mains, et il pensait que son attitude énergique et celle de ses amis imposeraient aux libres; mais il apprit avec douleur, dans la journée, que plusieurs des anciens et presque tous les jeunes gens des deux sexes de la tribu sédentaire s'étaient enfuis avec

Mos. Mos avait plus de haine que de courage, et quand il n'était pas soutenu par l'exaltation fanatique, il était craintif et abattu. D'ailleurs, depuis longtemps, il méditait d'entraîner avec lui les adhérents qu'il avait su conquérir, et d'aller former avec eux un établissement où l'influence d'Evenor ne balancerait plus la sienne.

Evenor espéra encore que les anciens sauraient faire prévaloir leur autorité morale pour empêcher une iniquité. Il alla les trouver avec Leucippe pendant que Sath, de son côté, animait ses compagnons. Evenor trouva des vieillards nonchalants qui aimaient mieux céder que lutter; et, comme il revenait, affligé et pensif vers sa cabane, voulant cependant douter encore de la malice de Sath, il vit ses parents au milieu de ses amis qui se consultaient avec anxiété.

Ops vint au-devant de lui et lui dit :

— Sath est venu ici avec quelques-uns des siens ; il a exigé qu'on remît ce soir Leucippe entre ses mains. Sur notre refus de transmettre à Leucippe un pareil ordre, il s'est retiré en riant, et, à présent, il s'apprête certainement à employer la force. Nous nous sommes donc rassemblés autour de ta demeure, tandis que notre père s'efforce d'en réunir d'autres que nous pour la résistance; mais nous ne pouvons espérer d'atteindre un nombre égal à celui des libres. Donne-nous donc con-

fiance et courage, car il nous faudra peut-être
mourir en défendant Lith et Leucippe, et il faut
que, du moins, notre dévouement leur soit utile.

— O Dieu ! dit Leucippe, serai-je donc la
cause de cette lutte fratricide ! Je te l'ai dit, Evenor, il faut fuir.

Mais la fuite ne semblait pas possible. Il était
trop tard, car les libres surveillaient tous les
mouvements des réconciliés et de leur chef. Le
père d'Evenor revint avec quelques-uns des
hommes mûrs de la tribu (de ce nombre était la
famille de Lith) qui avaient reçu la parole
d'Evenor et qui disaient : « La raison comme la
justice nous commande de protéger Leucippe ; car
si nous cédons aujourd'hui, demain, de nouveaux
libres, veufs ou fatigués de leurs femmes, qu'ils ne
savent point aimer, viendront nous demander nos
filles avant même qu'elles soient nubiles, ou contre le vœu de leur cœur, et ils les feront mourir
de lassitude et de chagrin avant l'âge de mourir,
comme la femme de Sath est morte à la fleur de
ses ans. »

Les femmes de ces hommes mûrs et celles des
réconciliés, qui avaient pour Leucippe une tendresse enthousiaste et qui tremblaient du péril
où s'engageaient leurs maris, voulurent aussi
s'armer, et Leucippe, exaltée maintenant par le
courage et le dévouement de la petite troupe, dis-

tribua les armes de métal, les flèches et les jave-
lots qu'elle tenait de la dive, et s'arma elle-même,
décidée à tuer plutôt que de laisser tuer son époux
ou souiller sa chasteté.

Cependant le jour s'écoulait, et les libres, que
l'on attendait d'un moment à l'autre, ne se dé-
claraient pas. La division avait éclaté entre eux,
ainsi qu'il arrive dans toute mauvaise entreprise,
et plusieurs, enflammés d'amour pour Leucippe,
voulaient qu'après la victoire la possession de
la fille des dives fût décidée par le sort. Des enfants, s'étant glissés autour de leur conseil, vinrent rendre compte à Evenor de cet incident.
Evenor en prenait d'autant plus de confiance dans
le triomphe de sa cause; mais Aïs, sa mère,
voyant descendre les premières ombres de la
nuit, qui s'annonçait chargée d'orage, lui parla
ainsi :

— Voici que la fuite devient possible. Voici
les libres rassemblés pour la dispute comme nous
le sommes pour l'amitié. Dieu ne veut pas que le
sang coule, et c'est lui qui a troublé l'accord des
méchants pour favoriser notre départ. Que chaque
mère prenne ses plus jeunes enfants, que chaque
père veille sur les aînés, que chaque époux emmène sa femme, qu'Evenor et Leucippe soient
nos guides et qu'ils nous conduisent dans ce pays
de l'Eden où nous ferons une ville nouvelle et

où nous adorerons le grand esprit protecteur des âmes justes.

La nouvelle colonie partit donc furtivement, n'emportant ni vêtements ni vases, n'emmenant aucun animal, excepté les chiens de la dive qui ne quittaient jamais les pas de Leucippe, et, se rejoignant par petits groupes dans le bois où Evenor, parti le premier avec sa femme, les attendait pour ouvrir la marche.

A la lueur des éclairs et au bruit de la foudre, les fugitifs marchèrent une partie de la nuit, et, cette fois, le voyage ne dura que quelques heures, les chiens ayant ouvert une route plus directe et plus mystérieuse. Mais comme, aux approches de l'Éden, les enfants fatigués exigeaient que l'on prît une heure de repos, Evenor, qui veillait avec les hommes, s'aperçut qu'un des émigrants se tenait seul à quelque distance, et lorsqu'il voulut approcher pour le reconnaître, cet homme s'éloigna et disparut dans l'épaisseur des branches.

— Nous avons été suivis, dit Evenor à son père qui avait déjà cru remarquer l'espion, et il faut nous tenir sur nos gardes.

Ils éveillèrent les femmes et l'on se remit en route sans rencontrer d'obstacle; mais comme on arrivait à la porte d'Éden, Sath, avec une petite bande déterminée qu'il avait réussi à rallier, s'y présenta. Le combat allait s'engager lorsqu'ils crurent voir une femme, toute rayonnante de lumière et d'une stature gigantesque, s'élancer à leur rencontre et leur présenter sa face enflammée. Leur terreur fut si grande qu'ils s'enfuirent en jetant leurs armes et en poussant des cris de détresse. Plusieurs tombaient en chemin comme terrassés par l'épouvante ; d'autres ne s'arrêtèrent que sur les bords du fleuve qui les séparait du village des libres et qu'ils repassèrent, le lendemain, en se jurant de ne jamais revenir sur leurs pas. Sath s'était éloigné sans exprimer sa frayeur par aucun signe trop apparent ; mais, revenu chez les anciens, il fut pris de délire et faillit mourir. Revenu à la santé, il montra sinon plus de bonté, du moins plus de crainte quand ses compagnons lui rappelèrent l'apparition menaçante, et ses mœurs s'adoucirent au point qu'une réconciliation devint possible entre lui et ceux de l'ancienne tribu.

Quant à Evenor et à Leucippe, eux aussi avaient vu cette femme rayonnante qui les avait protégés ; mais ils la virent autrement, et sa stature ne leur parut pas excéder de beaucoup celle des hommes. L'apparition ne se révéla point à leurs compagnons qui entrèrent dans l'Éden avec des transports de joie. Lorsque Evenor et Leucippe voulurent, avant de les y suivre, contempler la face de l'être mystérieux qui avait semblé jusque-là se dérober à leurs regards, il se retourna et ils reconnurent les traits adorés de la dive, resplendissants de jeunesse et de beauté.

Mais, avant qu'ils eussent pu s'élancer vers elle pour lui parler, elle avait disparu, et ils se demandèrent si ce qu'ils avaient vu était un rêve.

Leucippe, agitée et transportée, courut à la caverne du Ténare. Elle y trouva le cadavre de la dive déjà séché et noirci par la fumée volcanique et gisant pour jamais sur la poussière de sa race.

Le reste de la vie d'Evenor et de Leucippe se perd dans la nuit des temps inconnus. Il est probable que l'établissement dans l'Éden fut prospère et que l'âge d'or nouveau, éclairé des clartés de l'âge divin antérieur, y régna longtemps à l'insu des autres races. Cependant Evenor, fidèle aux préceptes de Téléïa, s'était juré, en rentrant dans la forteresse paradisiaque, de ne pas restreindre sa mission aux félicités morales de la famille et de la tribu. Il est à croire qu'il sortit plusieurs fois de l'Éden pour répandre la lumière dans les divers établissements que Sath, Mos, les anciens et les libres formèrent sur le plateau ; mais l'histoire des âges fabuleux, qui n'est qu'une tradition poétique, à force de varier dans ses légendes et dans ses symboles multiples, laisse dans une ombre impénétrable les événements des civilisations primitives.

FIN.

TABLE.

—

FIN DE LA TABLE.

www.ingramcontent.com/pod-product-compliance
Lightning Source LLC
Chambersburg PA
CBHW052358090426
42739CB00011B/2413